Konflikttraining

Arbeitshefte Führungspsychologie

Herausgegeben von Prof. Werner Bienert, Ludwigshafen und
Prof. Dr. Ekkehard Crisand, Wilhelmsfeld

Band 15

Konflikttraining

Konflikte verstehen, analysieren, bewältigen

---

von

Professor Dr. Karl Berkel

Kranzberg

5., neubearbeitete und erweiterte Auflage 1997

Mit 53 Abbildungen und Tabellen

I. H. Sauer-Verlag GmbH
Heidelberg

1. Auflage 1985 – ISBN 3-7938-7735-3
2. Auflage 1990 – ISBN 3-7938-7022-7
3. Auflage 1992 – ISBN 3-7938-7070-7
4. Auflage 1995 – ISBN 3-7938-7128-2
5. Auflage 1997 – ISBN 3-7938-7175-4

Die Deutsche Bibliothek – CIP-Einheitsaufnahme

Berkel, Karl:
Konflikttraining : Konflikte verstehen, analysieren, bewältigen ; mit Tabellen / von Karl Berkel. – 5., neubearb. und erw. Aufl. – Heidelberg : Sauer, 1997

(Arbeitshefte Führungspsychologie ; Bd. 15)
ISBN 3-7938-7175-4

ISBN 3-7938-7175-4

Satz: Lichtsatz Michael Glaese GmbH, 69502 Hemsbach

Druck und Verarbeitung: Progressdruck GmbH, 67346 Speyer

Umschlagentwurf: Horst König, 67067 Ludwigshafen

♾ Gedruckt auf säurefreiem, alterungsbeständigem Papier, hergestellt aus chlorfrei gebleichtem Zellstoff (TCF-Norm)

Printed in Germany

Vorwort zur 5. Auflage

Täglich kann man von Konflikten hören und lesen: Konflikte zwischen Nord und Süd, Ost und West, innerhalb von Bündnissen, Tarifkonflikte, Familienkonflikte, Entscheidungskonflikte. . . usw. Es gibt offensichtlich keinen Bereich, in dem es nicht zu irgendwelchen Konflikten kommt.

Ein konfliktfreies Leben und Zusammenleben, so lehrt die Erfahrung, gibt es nicht. Deshalb erscheint es von vornherein zwecklos, Konflikte „radikal" (wörtlich: von der Wurzel her) *lösen* und damit ein für allemal beseitigen zu wollen. Realistischer ist es, Konflikte als alltägliche Ereignisse zu betrachten und zu lernen, sie zu *bewältigen*.

Damit sollen Konflikte keineswegs *bagatellisiert* werden. Sie können durchaus tragisch enden – aber müssen es nicht. Denn nicht der Konflikt bestimmt seinen Ausgang, sondern die Personen, die ihn austragen.

Der folgende Leitfaden geht von dieser Einsicht aus. Sein Ziel ist es, Verständnis für die Eigenart und Dynamik seelischer und zwischenmenschlicher Konflikte zu wecken und gleichzeitig den Leser zu befähigen, erfolgreich und befriedigend mit Konflikten umzugehen. Die 5. Auflage wurde überarbeitet und um das Thema „organisatorische Konflikte" erweitert. Dadurch ergab sich die Notwendigkeit, ausführlicher auf die Konfliktanalyse (Teil II) und unterschiedliche Kriterien der Konfliktbewältigung (Teil III) einzugehen. Mittelpunkt von Teil III ist weiterhin das „kooperative Konfliktgespräch", dessen Begründung und Struktur sich im Training und in der Praxis bewährt haben.

Die Beispiele entstammen nicht nur dem Arbeits- oder Berufsleben. Mit Absicht. Konflikte sind in seelische und zwischenmenschliche Vorgänge eingebettet, die in verschiedenen Lebenslagen und Situationen durchaus ähnlich ablaufen. Aus *psychologischer* Sicht kommt es entscheidend darauf an, wie der einzelne letztlich mit einem Konflikt umgeht und fertig wird. Die Erfahrungen aus verschiedenen Lebensbereichen können dafür den Blick schärfen und neue Möglichkeiten der Konfliktbewältigung aufzeigen.

Kranzberg, im Januar 1997

Karl Berkel

Inhaltsverzeichnis

Verzeichnis der Übungen

I. Konflikte verstehen

1. Konflikt – meine Einstellung

Übung 1: Was fällt mir zum Wort „Konflikt" ein?

An was denken Sie, wenn Sie das Wort „Konflikt" hören? Schreiben Sie bitte die ersten 10 Ausdrücke auf, die Ihnen jetzt einfallen.

Streit –
Auseinandersetzung 0
Krach –
Disput 0
Hin- und Hergerissensein –
Meinungsverschiedenheit 0
Mißstimmung –
Disharmonie –
Wut im Bauch –
Kompromiss +

Überlegen Sie nun, ob Sie den einzelnen Begriff oder Ausdruck als etwas Positives (+), etwas Negatives (–) oder als etwas empfinden, das weder gut noch schlecht klingt (0). Tragen Sie hinter jedem Wort das entsprechende Zeichen (+ – 0) ein.

Wie sieht Ihre Gesamtbilanz aus? Überwiegen eher positive, negative oder neutrale Assoziationen? Welche Erfahrungen kommen darin zum Ausdruck?

Die eigene *Einstellung* zum Konflikt ist von zentraler Bedeutung:

Sie beeinflußt

- die *Wahrnehmung*: Erkenne ich – logisch oder intuitiv – rechtzeitig, wo sich ein Konflikt abzeichnet, oder verleugne, verdränge ich die Signale?
- die *Gefühlslage*: Reagiere ich auf Konflikte ängstlich und hilflos, oder stelle ich mich ihnen mutig und nutze sie als Chance?
- das *Verhalten*: Gehe ich einen Konflikt aktiv, offen und kooperativ an, oder weiche ich ihm aus, wehre ihn ab, reagiere aggressiv?

Wahrnehmungen, Gefühle und Verhaltensweisen wirken sich unmittelbar auf die *Konfliktbewältigung* aus. Wie sie gelingt oder mißlingt, beeinflußt wiederum die Einstellung. So entsteht ein sich selbst verstärkender Kreislauf.

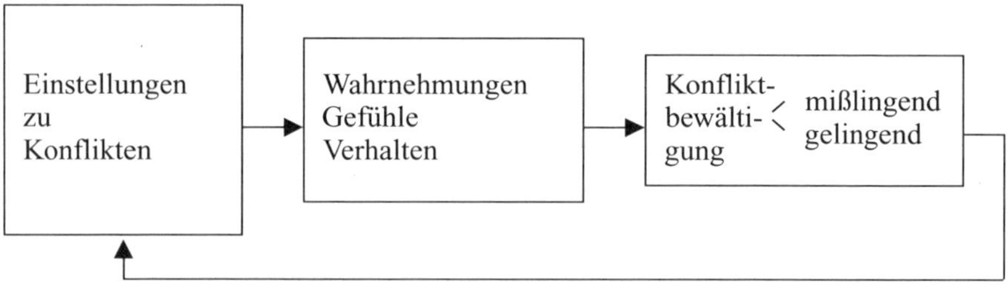

Abb. 1: Kreislauf der Konfliktbewältigung

Die Konfliktschleife eröffnet eine *Diagnose von innen*, aus der Sicht dessen, der einen Konflikt erlebt und erfährt. Selbsttäuschungen sind hier freilich nicht selten. Deshalb muß ergänzend die *Diagnose von außen* hinzutreten.

– *Außenstehende* (Dritte Parteien, Berater) können einen Konflikt häufig sachlicher analysieren, weil sie daran unbeteiligt sind. Sie sind mehr daran interessiert, *daß* als *wie* er endet. Ein Therapeut läßt bewußt offen, ob ein Paar sich scheiden läßt oder die Ehe weiterführt; ein Vorgesetzter überläßt es seinen Mitarbeitern, wie sie sich nach einer Auseinandersetzung wieder arrangieren.
– *Beteiligte* sind dagegen unmittelbar betroffen. Ihnen ist es keineswegs gleichgültig, wie der Konflikt endet.

Das *Konflikttraining* sucht beide Haltungen, die des Beobachters und die des Beteiligten, anzusprechen und einzuüben. Nur zu lernen, wie Konflikte bei anderen aussehen, hilft im eigenen Fall wenig weiter; umgekehrt, nur zu beobachten, wie wir uns im Konflikt verhalten, erweitert nicht unsere Betrachtungsweisen und Fertigkeiten.

Der oben erstellten *Selbsteinschätzung* soll deshalb die Frage folgen, woran man Konflikte von außen erkennen kann.

2. Konflikt – von außen gesehen

> Definition: In der Psychologie, aber auch in den Sozialwissenschaften allgemein, spricht man von einem *Konflikt dann, wenn zwei Elemente gleichzeitig gegensätzlich oder unvereinbar sind.*

Der neutrale und gleichzeitig umfassende Ausdruck *Elemente* soll anzeigen, daß sich in einem Konflikt die verschiedensten Inhalte gegenüberstehen können, z. B.

- *Gedanken:* Ich schaffe das schon. – Ich schaffe es doch nicht.
- *Wünsche:* Ich möchte gern Karriere machen. – Ich will aber meinen Wohnort nicht verlassen.
- *Verhaltensweisen:* Ich fahre häufig und gern Auto. – Ich trinke gern Alkohol.
- *Absichten:* Der Mitarbeiter sucht persönliche Nähe. – Der Vorgesetzte achtet nur auf Leistung.
- *Beurteilungen:* Um den Rüstungswettlauf zu stoppen, muß nachgerüstet werden. – Gerade um ihn zu stoppen, darf keinesfalls nachgerüstet werden.
- *Bewertungen:* Ein Mitarbeiter hält seinen Vorschlag für durchdacht und realisierbar. – Der Vorgesetzte glaubt jedoch, daß der Vorschlag finanziell nicht durchführbar ist.
- *Personen:* Zwei Mitarbeiter empfinden starke Abneigung gegeneinander, sie weigern sich, in der gleichen Gruppe zusammenzuarbeiten.
- *Gruppen:* Arbeitgeber – Arbeitnehmer, Vorstand – Betriebsrat, Verkaufsabteilung – Produktion.

Diese Elemente können entweder *nicht zum gleichen Zeitpunkt* verwirklicht werden, oder sie sind in sich *gegensätzlich* bzw. *unvereinbar.*

Das bloße Vorliegen divergenter Elemente – logischer Widersprüche, ambivalenter Gefühle oder widersprüchlicher Neigungen – macht noch keinen Konflikt aus. Zu ihm kommt es erst, wenn die Person (sich und andere) drängt, *Stellung* zu beziehen. Dieser Drang kann äußeren Forderungen oder innerem Verlangen entspringen. In beiden Fällen entstammt er dem Bedürfnis sowohl nach klarer Orientierung als auch nach zielbezogener Handlungsfähigkeit.

Der Mensch braucht beides:

- *Orientierung:* Eine innere Ordnung, ein Wertgefüge, das ihm erlaubt, Ereignisse und Entscheidungen einzuordnen. Gerade schicksalsträchtige Ereignisse wie eine schwere Kranheit, Arbeitslosigkeit oder der Verlust eines geliebten Menschen kann jemand nur bewältigen, wenn er sie in eine Perspektive einordnen und ihnen einen Sinn beilegen kann.
- *Handlungsfähigkeit:* Das eigene und gemeinsame Leben durch die sich stellenden Aufgaben fortgesetzt zu bewältigen. – Konflikte unterbrechen die Kontinuität des täglichen ziel- und aufgabenbezogenen Handelns.

Daraus folgen *charakteristische Merkmale* von Konflikten:

- Konflikte sind *Störungen*: Sie unterbrechen, wenn auch nur vorübergehend, den Handlungsablauf und zwingen dazu, sich der eigenen Orientierung zu vergewissern.

- Konflikte sind *gefühlsbeladen*. Sie lösen unweigerlich Gefühle aus, wir fühlen uns innerlich angespannt, unter Druck stehend, ängstlich oder gereizt.
- Konflikte haben die Tendenz zu *eskalieren*: Sie weiten sich aus, beziehen immer mehr Menschen und Themen ein und nehmen an Intensität zu.
- Konflikte erzeugen einen *Lösungsdruck*: Man kann sie nicht einfach auf sich beruhen lassen, sondern muß sie bewältigen. Erst dann kann der Mensch, mit sich in Einklang, sich wieder den täglichen Lebensaufgaben zuwenden.

Diese Merkmale erlauben einige *Hinweise für die Konfliktbewältigung*.

(1) Wer in einen Konflikt gerät, muß damit rechnen, daß dieser ihn *emotional* erregt und anspannt. Wer eine Auseinandersetzung mit jemand anderem (Vorgesetzten, Kollegen, Nachbarn) sucht, braucht daher nicht nur eine Strategie für die Austragung, sondern auch eine Methode, seine *Angst zu überwinden* oder seinen *Ärger unter Kontrolle* zu halten.

(2) Wer, um bestimmter Ziele willen, andere bewußt in Konflikte bringt oder einen Konflikt verschärft, sollte sich vor Augen halten, daß er eine nicht unerhebliche Belastung erzeugt. Damit gilt aber das oben Gesagte: Der Ausgang hängt ganz wesentlich davon ab, wie die Beteiligten mit dem Konflikt *emotional* fertig werden. Dies wird in Organisationen oft übersehen, wenn entweder strukturell (Matrixorganisation) oder in emanzipatorischer Absicht ein permanenter offener Konfliktaustrag als förderlich angesehen wird („Streitkultur“).

(3) Eine wichtige Voraussetzung für erfolgreiche Konfliktbewältigung ist ganz allgemein die *Fähigkeit, Belastungen standhalten zu können*. Eine höhere Belastbarkeit erweitert den Handlungsspielraum und ermöglicht es, kleinere Konflikte ohne allzu großen Aufwand zu absorbieren, größere aber konzentriert und energisch anzugehen (vgl. das Anti-Streß-Training in dieser Reihe, *Crisand u. Lyon*, 1981).

3. Einteilung von Konflikten

Eine erste und häufig anzutreffende Einteilung von Konflikten unterscheidet innere (seelische) und äußere (zwischenmenschliche oder soziale) Konflikte. Beide Konflikttypen stehen jedoch in einem engen Zusammenhang, auf den am Ende dieses Kapitels näher eingegangen wird.

3.1 Seelische Konflikte

Die bekannteste Einteilung stammt von dem Psychologen *Kurt Lewin*. Er unterscheidet drei Konflikttypen, die dadurch zustande kommen, daß auf eine Person Kräfte einwirken, die sie in verschiedene Richtungen drängen.

Die Person steht zwischen zwei Zielen, die sie für *gleich wertvoll* hält, aber nicht gleichzeitig anstreben/erreichen kann.

Abb. 2: Annäherungs-Annäherungs-Konflikt

Beispiele:

Ein Schulabgänger muß sich für einen von zwei Berufen entscheiden, die beide seinen Interessen und Neigungen entsprechen. – Ein Angestellter mit guten Karriereaussichten in seiner Firma erhält von der Konkurrenz ein attraktives Angebot.

In diesem Konflikt muß sich die Person für eine von *zwei positiven* Möglichkeiten entscheiden. Indem sie eine Alternative wählt, muß sie (zumindest momentan) auf die andere *verzichten*. Wenn eine Person aber befürchtet, daß sie sich durch einen Verzicht (gleich worauf) Nachteile einhandelt, dann verwandelt sich dieser an sich harmlose Konflikt in einen (schwieriger zu bewältigenden) Annäherungs-Vermeidungs-Konflikt (s. u.).

Beispiel:

Ein im öffentlichen Dienst Beschäftigter möchte sowohl die Sicherheit des Beamten als auch das höhere Gehalt des Angestellten haben. Der notwendige Verzicht auf eine Alternative macht ihm die negativen Seiten seiner Entscheidung erst richtig bewußt.

Die Person muß zwischen zwei Gegebenheiten entscheiden, die sie beide als Übel ansieht.

Abb. 3: Vermeidungs-Vermeidungs-Konflikt

Beispiele:

Ein älterer Patient erhält die Diagnose „Krebs“. Er muß entscheiden, ob er sich (mit ungewissem Ausgang) operieren oder der Krankheit ihren Lauf lassen soll. –

Ein Mitarbeiter wird mit einer wichtigen Terminarbeit nicht fertig. Der Vorgesetzte muß ihn entweder zur Rede stellen (was er scheut) oder die Arbeit am Wochenende selber zu Ende bringen.

Konflikte dieser Art entstehen, wenn zwei gegensätzliche Pflichten miteinander konkurrieren („Pflichtenkollision“). Unvermeidbare Situationen einfacher Art bezeichnet man als *Dilemma*, höherer Art als *Tragik*: Der Mensch kann, was immer er tut, dem Übel nicht ausweichen.

Beispiel:

Ein sozial gesinnter Unternehmer hat nur die Wahl, einen Teil seines Personals zu entlassen oder Konkurs anzumelden.

Die Person steht vor einer Entscheidung, die ihr sowohl Wertvolles wie Übles bringt.

Abb. 4: Annäherungs-Vermeidungs-Konflikt

Beispiel:

Einem Mitarbeiter wird angeboten, ein zusätzliches Aufgabengebiet zu übernehmen. Verlockend findet er das höhere Gehalt, die Möglichkeit eigenen Entscheidens, einen größeren Handlungsspielraum und noch dazu die Chance, durch gute Arbeit vielleicht eines Tages befördert zu werden. Mißlich daran ist aber die Verpflichtung, einige mehrtägige Ausbildungskurse mit Erfolg zu absolvieren, häufig (auch an Wochenenden) unterwegs zu sein und der eigene Zweifel, ob er diesen neuen Anforderungen und den damit verbundenen Belastungen (für sich und die Familie) gerecht werden kann.

Annäherungs-Vermeidungskonflikte treten nicht selten auch in *doppelter Form* auf: eine Person muß zwischen zwei Alternativen entscheiden, die jede für sich sowohl Wertvolles wie Übles enthält.

Beispiel:

Ein Ehepaar steht vor der Wahl, sich scheiden zu lassen oder die Ehe aufrechtzuerhalten. Jede Entscheidung bringt Vor- *und* Nachteile, beinhaltet *sowohl* Möglichkeiten, die verlockend oder zumindest entlastend sind, *als auch* solche, die widrig oder belastend sind.

Der Annäherungs-Vermeidungskonflikt bringt einen typischen Grundzug von Konflikten zum Vorschein: ihre *Ambivalenz*. Darunter versteht man das gleichzeitige Vorhandensein positiver und negativer Gefühlsregungen. Liebe und Haß, Zuneigung und Abneigung, Sympathie und Antipathie, Mögen und Widerwillen – sie machen den Zwiespalt offenkundig, der jedem Konflikt wesenseigen ist.

Daran wird deutlich: die Bewältigung eines Konflikts – hier im Sinne einer Entscheidung – erfordert, daß der Mensch imstande ist, auch mit den negativen Folgen seiner Entscheidung fertig zu werden. Zu keiner Entscheidung gelangt bzw. im Konflikt quält sich der ab, der – meist vergeblich – hofft, daß ihm diese negativen Begleiterscheinungen erspart bleiben. *Konfliktbewältigung erfordert daher immer auch die Fähigkeit, mit Gefühlsambivalenzen innerlich fertig zu werden.*

Übung 2: Seelische Konflikte im Beruf

1. Stellen Sie 5 Situationen aus Ihrem beruflichen Alltag zusammen, in denen Sie mit Erwartungen und Anforderungen konfrontiert sind, die Sie nicht (oder nicht so) erfüllen wollen.
2. Analysieren Sie jede Situation danach, welcher Konflikttyp vorherrscht.
3. Wie verhalten Sie sich gewöhnlich in diesen Situationen?
4. Wenn Sie damit unzufrieden sind: Welche anderen Möglichkeiten, diese Konflikte zu bewältigen, sehen Sie?

3.2 Zwischenmenschliche Konflikte

Zwischenmenschliche Konflikte lassen sich nach der Anzahl der beteiligten Personen unterscheiden in Zweier- oder Paarkonflikte, Dreier- oder Dreieckskonflikte und Gruppenkonflikte (s. *Schwarz* 1995)

Zweier- oder Paarkonflikte treten nicht nur in der klassischen Mann-Frau-Beziehung auf, sondern auch unter Freunden, zwischen einem Vorgesetzten und seinem Stellvertreter, zwischen Job-sharing-Partnern usw. Paare haben gewisse Probleme zu meistern, die dann auch den Anlaß und die Ursache für Konflikte abgeben:

- Eigene *Identität* gegenüber Aufgehen in der *Symbiose* mit dem anderen: Hier geht es um die Frage, inwieweit ein Partner eigene Entscheidungen fällen kann und darf, ohne die Beziehung zu gefährden, oder ob er völlig darauf verzichtet. Zu einer fruchtbaren Zweierbeziehung gehören sowohl ein eigenständiges Selbstbewußtsein, eine persönliche Identität als auch die Verbundenheit mit dem Partner.
- *Nähe und Distanz:* In allen Zweierbeziehungen spielt die emotionale Dimension eine große Rolle. Der größere oder kleinere Abstand, den der eine zum anderen braucht, kann sich im Laufe der Zeit ändern. Stets geht

aber eine Veränderung der bisherigen Abstände mit einem Konflikt einher, weil sich der andere entweder im Stich gelassen oder in seiner Freiheit eingeengt fühlt. Zum Problem wird diese Frage, wenn ein bisheriger Kollege zum Vorgesetzten aufsteigt: Er selbst glaubt, er brauche mehr Distanz, um seine Autorität zu unterstreichen, die anderen erwarten dagegen die bisherige, vielleich „kumpelhafte“ Nähe.

- *Entwicklungsrichtungen* und *-tempo:* Es kann nicht ausbleiben, daß der eine sich in eine andere Richtung entwickelt als der andere: Er entdeckt neue Interessen, nimmt Chancen wahr, lernt schneller, interessiert sich für neue Dinge usw. Wenn der andere stehen bleibt oder sich in eine ganz andere Richtung entwickelt, dann „passen“ beide nicht mehr zusammen. Manche Ehepaare vergessen, daß sie nach dem Auszug der Kinder ihr „Projekt Ehe“ neu aushandeln und bestimmen müssen. Auch im Berufsleben kann es passieren, daß der Vorgesetzte durch Führungsseminare neue Ideen bekommt und manches anders anpacken will, sein Stellvertreter dem aber nicht oder nur schwer folgen kann.
- *Kommunikation:* Das von *v. Thun* (1981) beschriebene Modell menschlicher Kommunikation unterscheidet vier Seiten:

		Sache Inhalt: Es ist		
Sprecher →	Selbstoffenbarung Ausdruck: Ich bin	Mitteilung	Appell Lenkung: Du sollst	→ Zuhörer
		Beziehung Kontakt: Wir sind		

Abb. 5: Das 4-Seiten-Modell menschlicher Kommunikation

Konflikte können in jeder dieser vier Seiten sowie als Verschiebungen zwischen Sache und Beziehung sowie zwischen Selbstoffenbarung und Appell auftreten (s. *Berkel* 1986).

Beispiele:

Sache: Eine Anweisung ist unvollständig, oder es kommt nicht klar rüber, welche Bedeutung ihr ein Vorgesetzter beimißt. Der Auftrag wird mangelhaft ausgeführt oder unterbleibt. Die Folge: Es kommt zu einer harschen Kritik, die der Mitarbeiter als ungerecht empfindet.

Beziehung: Der Vorgesetzte spricht vor versammelter Mannschaft in einem Ton mit einem Mitarbeiter, den dieser nicht hinzunehmen bereit ist.

Selbstoffenbarung: Einem Kollegen geht die Selbstdarstellung eines anderen auf den Wecker. Er macht ihn hintenherum lächerlich.

Appell: Der Chef lenkt das Gespräch so geschickt, daß ein Mitarbeiter gar keine andere Möglichkeit sieht als einzuwilligen, obwohl er nicht will. Der Mitarbeiter ist sauer.

Verschiebung Sache → Beziehung: Ein Kollege hat eine schlüssige Argumentation: Er hat recht, das fuchst jedoch einen anderen, der prompt „unsachlich", d. h. persönlich wird.

Umgekehrt *Beziehung* → *Sache:* Der Vorgesetzte kann einen Mitarbeiter nicht leiden, also sucht er in dessen Vorschlag nach jeder noch so kleinen Unstimmigkeit. Der Mitarbeiter fühlt sich nicht ernst genommen.

Verschiebung Selbstoffenbarung → *Appell:* Der Chef hat ein ungutes Gefühl bei einer Entscheidung, spricht es aber nicht aus, sondern torpediert die Besprechung mit Killerphrasen.

Umgekehrt *Appell* → *Selbstoffenbarung:* Der Chef verweist auf seinen vollen Terminkalender und seine Präsenz in vielen Projekten, womit er dem Mitarbeiter signalisieren will: Fasse dich kurz, ich habe keine Zeit für dich.

Dreier- oder Dreieckskonflikte: Das Hinzutreten einer dritten Person verändert die Zweierbeziehung grundsätzlich. Neue soziale Qualitäten entstehen, die in der Paarbeziehung nicht möglich sind. Damit ergeben sich neue Konfliktformen.

- *Koalition:* Zwei können sich gegen den Dritten verbünden, der nun ausgeschlossen ist. Die Folge ist Eifersucht.
- *Rivalität:* „Divide et impera" – ein Vorgesetzter spaltet die enge Kooperation zwischen zwei Kollegen, um sie besser gegeneinander ausspielen zu können. Die beiden rivalisieren dann um die Gunst des Chefs.
- Vorrang der *Beziehung* vor der Person: Während unter Paaren die Persönlichkeit der Partner die Beziehung bestimmt, kann in einer Dreierbeziehung dieselbe Person (Vater) zu den beiden anderen Personen (Ehefrau und Tochter) jeweils ganz verschiedene Beziehungen haben. Bei Konflikten steht dann nicht die Person zur Debatte, sondern die Art der Beziehung.

Gruppenkonflikte: Die „Urhorde" (K. *Lorenz*) stellt wohl die Wiege menschlicher Gemeinschaftsbildung dar. Ihr Umfang lebt bis heute im Elferrat, in den 11 Spielern einer Fußballmannschaft, in den 12 Stämmen Israels und, ihnen nachgebildet, den 12 Aposteln fort. In einer Gruppe kann eine Reihe von Konflikten entstehen.

- *Revier:* Jede Gruppe beansprucht einen Bereich, den die Mitglieder als ihr Zuhause betrachten und den sie gegen Eindringlinge verteidigt. Der Bereich muß nicht räumlicher Natur sein, er kann auch Zuständigkeiten und Kompetenzen umfassen. Verbissene Kämpfe sowohl innerhalb als auch zwischen Gruppen brechen aus, wenn Reviergrenzen nicht beachtet oder willkürlich verschoben werden.

- *Rangordnung:* Jede Gruppe bildet spontan eine Rangordnung aus. Bekannt ist die Einteilung von Rangpositionen in Alpha (Führer), Beta (Experte), Gamma (Gefolgsmann) und Omega (Außenseiter). Solange diese Rangordnung noch aussteht, ist die Gruppe nicht arbeitsfähig. Bei jeder neuen Gruppenkonstellation – Projekt, Umorganisation – ist dieser Prozeß der Rang- oder Hackordnung unausweichlich. Nicht das noch so logisch aufgebaute Organigramm entscheidet über die Produktivität der Gruppe oder des Teams, sondern die Funktionalität und Akzeptanz der internen Rangordnung. Fehlen diese, sorgen Konflikte für genügend Reibungsverluste. Ständig wiederkehrende Konflikte sind häufig ein Indiz für eine nicht endgültig ausgetragene Rangordnung.
- *Führung:* Jede Gruppe braucht zwei fundamentale Beiträge („Funktionen"), sonst zerfällt sie: Der eine bezieht sich auf die Zielerreichung („Lokomotion"), der andere auf den zwischenmenschlichen Zusammenhalt („Kohäsion"). Diejenige Person wird zum Führer, die diese beiden Funktionen in einer für das Überleben der Gruppe optimalen Weise ausfüllt. Nicht jeder Führer deckt aber beide Funktionen gleich gut ab, so daß es nicht selten zu einem Führungs*dual* kommt (Häuptling – Medizinmann, Kaiser – Papst, Kanzler – Präsident). Solange beide kooperieren, gibt es kein Problem. Ein sog. informeller Führer als Antipode zum formellen entsteht meist erst dann, wenn der offizielle Vorgesetzte in einer dieser Funktionen – in Betrieben ist es meist die zwischenmenschliche – total versagt. Dann kommt es zum Führungs*duell*, das die ganze Gruppe in Mitleidenschaft zieht.

3.3 Organisatorische Konflikte

Jede Organisation verbindet drei Wirklichkeitsbereiche oder Subsysteme miteinander:

- In der Sache geht es um Aufgaben und Ziele,
- im zwischenmenschlichen Bereich um Rollen und Beziehungen,
- im organisatorisch-strukturellen Bereich um den Zweck, die Vision, die Kultur (s. *Berkel/Herzog:* Unternehmenskultur und Ethik 1997, in dieser Reihe).

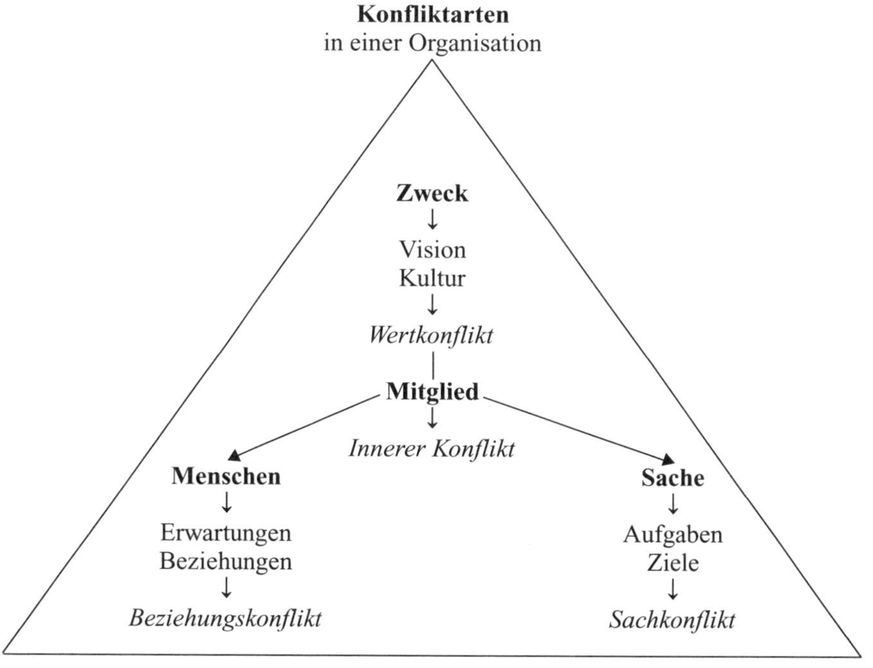

Abb. 6: Konfliktarten in einer Organisation

1. *Sachkonflikte* treten auf, wenn Parteien zwar ein gemeinsames Ziel verfolgen, aber über den Weg – die Art der Mittel, den Einsatz von Ressourcen, die Wahl der Methode usw. – uneins sind.

Beispiel:

In einer Bankfiliale sind sich Filialleiter und Kundenbetreuer einig, ein bestimmtes Produkt vorrangig zu vermarkten, uneinig sind sie darüber, welche Zielgruppe wie zuerst angegangen werden soll. – In einer Arbeitsgruppe wollen alle die Qualität verbessern, doch umstritten ist, wo zuerst begonnen werden soll.

Sachkonflikte können prinzipiell *gelöst* werden, und zwar mittels verschiedener Methoden der *Problemlösung*. Bewährt haben sich die 5 Phasen einer Problemlösekonferenz (s. *R. W. Stroebe:* Kommunikation II 1995, in dieser Reihe):

(1) Problem identifizieren und beschreiben
(2) Ziel definieren und vereinbaren
(3) Ursachen herausfinden und analysieren
(4) Lösungsideen entwickeln und gewichten
(5) Entscheidungen treffen und durchführen

2. *Beziehungskonflikte* entstehen, wenn eine Partei die andere verletzt, demütigt, mißachtet. Diese nimmt es prompt „persönlich“ – wie soll sie es sonst nehmen? Sie merkt die Absicht und ist verstimmt.

Beispiele:
Ein Vorgesetzter nimmt den Fehler eines Mitarbeiters zum Anlaß, ihn vor der gesamten Mannschaft zu belehren. – Ein Vorgesetzter reißt einen Mitarbeiter aus einer wichtigen Arbeit und bestellt ihn zu sich, doch dann läßt er ihn eine dreiviertel Stunde im Vorzimmer warten.

Beziehungskonflikte können nicht durch eine systematische Analyse gelöst, sondern nur *geheilt* werden. Dazu ist das *persönliche Engagement* beider Seiten unumgänglich:

- Die eine Partei muß deutlich artikulieren, wie sehr sie sich durch das Verhalten der anderen getroffen, abgewertet, nicht ernst genommen fühlt (sog. „Ich-Botschaft“).
- Die andere Partei muß darauf eingehen, es nicht bloß zur Kenntnis nehmen, sondern ihr Verhalten bedauern und sich entschuldigen. Tut sie das nicht, bestärkt sie die Gegenseite in der Annahme, sie bewußt und absichtlich verletzen zu wollen.
- Die erste Partei muß dann schließlich bereit sein, die Entschuldigung anzunehmen und zu verzeihen, das heißt, ohne Rückgriff auf diesen Vorfall weiter zuzammenzuarbeiten.

Um einen Beziehungskonflikt zu heilen, bedarf es auf der einen Seite *Mut*, die verletzten Gefühle auszusprechen, auf der anderen *Großmut* (lat. magnanimitas), das eigene Verhalten zu relativieren und eine Sache auf sich beruhen zu lassen.

3. *Wertkonflikte* treten auf, wenn unvereinbare Ziele, Prinzipien, Grundsätze selbst vertreten werden.

Beispiele:
Im Vorstand eines Unternehmens ist ein Streit über die künftige Strategie entbrannt. – Im Verkaufsressort eines international tätigen Konzerns kommt es zu heftigen Auseinandersetzungen darüber, ob es vertretbar sei, südamerikanischen Politikern Bestechungsgelder zu zahlen, um Aufträge zu erhalten.

Wertkonflikte können grundsätzlich nicht gelöst, sondern nur *entschieden* werden, entweder, indem die Beteiligten zu einem Konsens finden oder legitimierte Personen bzw. Gremien eine Entscheidung treffen. In Organisationen kommt dem Topmanagement, wie dem Kanzler in der Politik, die „Richtlinienkompetenz“ zu. So wünschenswert ein Konsens in fundamentalen Werten ist: Erstens kann er auch nach langen Debatten ausbleiben, wenn fragliche

Werte prinzipiell unvereinbar erscheinen (Bsp.: Abtreibung), zweitens muß eine Gemeinschaft, um handlungsfähig zu bleiben, die Diskussion auch wichtiger Themen mit einer (vorläufigen) Entscheidung beenden können.

4. *Verteilungskonflikte* passen nicht ganz in das obige Schema. Sie stellen sich überall ein, wo Ressourcen knapp und begehrt sind. In Organisationen, wie im Wirtschaftsleben überhaupt, sind Verteilungskämpfe allgegenwärtig.

Beispiele:
Zwei Kollegen sind verärgert übereinander, weil jeder seinen Urlaub im Sommer zum gleichen Zeitpunkt nehmen will. – Zwei Ressortleiter liegen im „Clinch" miteinander, weil der eine dem anderen einen guten Mitarbeiter abgeworben hat.

Verteilungskonflikte führen zwangsläufig in ein Nullsummenspiel: Der Gewinn des einen und der Verlust des anderen addieren sich zu Null. Diese Konstellation verleitet leicht zu gewaltsamen Auseinandersetzungen, wie die menschliche Geschichte eindrucksvoll belegt. Wenn Gewalt in der Neuzeit zunehmend geächtet und als Mittel der Konfliktlösung ausgeschlossen wird, dann können Verteilungskonflikte nur dadurch beendet werden, daß die Parteien ein Ergebnis – meist einen Kompromiß – untereinander *aushandeln*. Das setzt wiederum voraus, daß sie ihren Konflikt *geregelt* austragen, d. h. im Rahmen von (Spiel-)Regeln, die sie als verbindlich anerkennen.

5. *Innere Konflikte* treten in den Mitgliedern selbst auf, in Organisationen meist in Form von Entscheidungs- und Rollenkonflikten. Zu einem *Entscheidungskonflikt* kommt es, wenn eine Person eine wichtige und weitreichende Entscheidung zu treffen hat, die ihr bekannten Alternativen aber als unbefriedigend empfindet. Ein *Rollenkonflikt* entsteht, wenn die Person widersprüchlichen Erwartungen gerecht werden soll.

Beispiel:
Entscheidungskonflikt: Ein Abteilungsleiter sieht den langfristigen Schaden voraus, den eine Entscheidung seines Ressortchefs für das Unternehmen mit sich bringen wird. Den Vorstand von seiner Entscheidung abzubringen, hält er für aussichtslos und überdies gefährlich, weil dieser voll und ganz hinter der Entscheidung steht. Nichts zu unternehmen, kann ihm später den Vorwurf eintragen, die Belange der Organisation nicht energisch genug vertreten zu haben. – *Rollenkonflikt:* Ein Mitarbeiter ist in der Matrixorganisation zwei Vorgesetzten unterstellt: Der eine erwartet Vorschläge mit detailliertem Kostennachweis, der andere globale, sinnvolle Innovationen. Wie soll er es beiden recht machen?

Entscheidungskonflikte zeigen weitgehend die Dynamik innerer Konflikte. Rollenkonflikte dagegen können sehr verschiedenartig ausfallen (s. unten), insbesondere neigen sie dazu, sich in Beziehungs- oder in Verteilungskonflikte zu wandeln.

4. Entstehen von Konflikten

4.1 Seelische Konflikte

Wichtige psychologische Theorien sehen die Ursache von Konflikten in jeweils anderen Gegebenheiten.

Sigmund Freud und die *Psychoanalyse* nehmen an, daß menschliche Konflikte im wesentlichen durch die Spannung zwischen biologischer Triebnatur und Erziehung zu geformter Selbstkontrolle entstehen. Der Konflikt zwischen *Es* einerseits und *Ich* bzw. *Überich* andererseits gehöre zum Wesen des Menschen. Alle Kulturleistungen beruhten darauf, daß Menschen lernen, ihre angeborenen *Triebimpulse* in *Zucht* zu nehmen. Erziehung solle befähigen, die beiden großen Triebe, Libido (die sexuell getönte Lebenskraft) und Aggressivität zu disziplinieren. Nur so werde Leben in Gemeinschaft möglich und entstehe Raum für *schöpferische Leistungen*, die durch kontrollierte und zielgelenkte Energie der Triebe (Sublimierung) zustande komme. Die Triebe ließen sich aber niemals vollständig zügeln. Jede Gemeinschaft und jede Generation müsse stets aufs neue diesen Kampf mit der Triebnatur austragen. Ständig bleibe die Gefahr latent vorhanden, daß elementare Triebimpulse durchbrechen und die bisher erreichte persönliche oder gesellschaftliche Entwicklung gefährden. Nur wer sich dieses grundlegenden Konflikts in sich bewußt werde und mit realistischen Mitteln versuche, seine Triebimpulse zu lenken und zu kanalisieren, ohne der Illusion nachzuhängen, sie ein für allemal in den Griff zu bekommen, könne sich zur reifen Persönlichkeit entwickeln.

Entscheidungstheorien heben auf die inneren Unstimmigkeiten ab, die menschliches Erkennen notwendig begleiten. Täglich nehmen wir eine Vielzahl von Informationen auf, die entweder in sich widersprüchlich sind oder mit unseren Meinungen und Einstellungen unvereinbar erscheinen. Solange wir nicht zum Handeln gezwungen sind, können wir diese Widersprüche auf sich beruhen lassen. So mag es einen parteipolitisch nicht gebundenen Beobachter ziemlich gleichgültig lassen, wie Parteien ein und denselben Vorgang kommentieren. Anders verhält es sich dagegen, wenn ein Mitarbeiter wahrnimmt, daß sein Verhalten in Besprechungen von seinem Vorgesetzten nicht gebilligt wird. Diese beiden Erkenntnisinhalte erzeugten eine *Dissonanz*, die der Mitarbeiter in irgendeiner Weise für sich auflösen müsse. Dies könne z. B. dadurch geschehen, daß er bestimmte Informationen auswählt und andere übergeht, sie in spezifischer Weise gewichtet, in neue Zusammenhänge einordnet usw. Ob und inwiefern eine Person in ihre Entscheidungen *neue Informationen* einbezieht, hänge von dem Ausmaß an Angst ab, das diese in ihr auslöse. Denn neuartige, gar widersprüchliche Informationen weckten Aufmerksamkeit und Neugier, aber sie verunsicherten auch und wirkten *bedrohlich*. Sobald aber eine Situation als bedrohlich wahrgenommen werde, weil sie bisherige Standpunkte und das darauf beruhende Selbstverständnis in Frage stelle, lasse die Bereitschaft nach, sich offen, unvoreingenommen und kritisch-abwägend mit ihr auseinanderzusetzen. Entscheidungen gingen deshalb immer Konflikte voraus, die sowohl durch die Art der Information als auch durch die Bereitschaft der entscheidenden Person, sich mit andersartigen Erkenntnisinhalten auseinanderzusetzen, gekennzeichnet seien.

Verhaltenstheorien sehen in der Fülle von Reizen, die ständig auf uns einströmen, die eigentliche Konfliktursache, seien es Verkehrssituationen, Einkäufe in einem Warenhaus, schönes Wetter am Wochenende, ein Schreibtisch voller Akten, Diskussionen über brisante Themen (in der Öffentlichkeit oder in der Arbeitsbesprechung). Solche Anlässe lösten verschiedene, *nicht gleichzeitig realisierbare Reaktionen* aus: überholen oder abwarten; das verlockende Angebot kaufen oder ausschlagen; am Wochenende spazieren oder schwimmen gehen; das Auto waschen oder im Garten arbeiten; eine Akte nach der anderen erledigen oder nach Dringlichkeit vorgehen oder zuerst herausfinden, welche an wen abgeschoben werden kann; die eigene Meinung sagen oder schweigen, andere provozieren oder versöhnlich bleiben usw.

Zu diesen äußeren Reizen treten noch *innere*: Stimmungen, Erinnerungssperren, Wünsche, plötzlich sich meldende Bedürfnisse, körperliche Reize usf., die ebenfalls jeweils eigene Reaktionen mobilisieren. All dies zusammen aktiviere ein ganzes Bündel *möglicher Verhaltensweisen*, die in jeder Situation auf Abruf bereit stehen.

Zwangsläufig muß jede dieser Theorien zu anderen Empfehlungen kommen, wie Konflikte zu *bewältigen* sind.

Psychoanalyse

1. Fundamentale Voraussetzung erfolgreicher Konfliktbewältigung ist die Ausbildung eines starken Ich. Das ist nicht mit einem egozentrischen Ich zu verwechseln; denn das Ich soll hauptsächlich gegenüber den inneren Forderungen von Es und Überich stark sein. Ein starkes Ich entwickelt sich, wenn eine Person lernt, Triebwünsche zwar zu erkennen (sich bewußt zu machen), sie aber nicht sofort, sondern erst dann zu befriedigen, wenn es dem Ich einsichtig und dem Überich zulässig erscheint.

Beispiel:
Ein Student verschiebt den Besuch eines neuen, heiß diskutierten Filmes auf die Zeit nach der Prüfung.

2. Die Kontrolle durch das Ich bzw. Überich darf aber nicht zu starr werden, sonst wird das Ich selber triebhaft und richtet sich aggressiv gegen die eigenen Triebwünsche. Konflikte werden besser bewältigt, wenn das Ich die Triebimpulse nicht unterdrückt oder verdrängt, sondern sie in zivilisierter und kultivierter Form zuläßt.

   Beispiel:
   Eine Sekretärin richtet ihr Büro geschmackvoll her. Sie verwirklicht damit ihren Wunsch nach einer behaglichen Umgebung.

3. Mit den einzelnen Lebensphasen ändern sich auch die Aufgaben, die sich dem Menschen stellen. Jede Altersstufe hat deshalb ihre eigenen, spezifischen Konfliktinhalte.

Beispiel:

Alter	Konflikte kreisen um
Schulkind	Auseinandersetzung mit Leistungsanforderungen und Rivalität
Jugendlicher	Entscheidungen für einen Beruf und einen Partner
Junger Erwachsener	Konkurrenz und Behauptung im Beruf, Aufbau einer Familie, Spannung zwischen Beruf und Familie, Schwerpunkte persönlicher Lebensführung
Älterer Erwachsener	Konsolidierung im Beruf, Entwicklung der Partnerschaft und der Kinder, Möglichkeiten eines neuen (beruflichen oder privaten) Anfangs, Verantwortung in der Gesellschaft, Lebenssinn und Transzendenz
Alter Mensch	Lebensaufgabe zum Abschluß bringen, sein eigenes Leben als sinnvoll erkennen, Erfahrungen an die nächste Generation weitergeben, sich auf den Tod vorbereiten.

Ein Konflikt ist dann *bewältigt*, wenn die Person zwischen den verschiedenen Anforderungen des äußeren und inneren Lebens ein *Gleichgewicht*, eine Balance herzustellen vermag. Persönliches Wohlbefinden und die Fähigkeit, Lebensaufgaben kontinuierlich zu meistern und sie zu lösen – *Freud* nennt es die Fähigkeit, zu lieben und zu arbeiten – bezeugen eine erfolgreiche Konfliktbewältigung.

Entscheidungstheorie

Die Wahrscheinlichkeit einer erfolgreichen Konfliktbewältigung wächst in dem Maße, als Menschen

1. gelernt haben, ein bestimmtes Maß an Angst oder Furcht angesichts neuer und widersprüchlicher Informationen zu ertragen: sie flüchten weder in überstürzte Aktionen noch drücken sie sich vor einer Entscheidung.

   Beispiel:
   Informationen über eine schlechte Absatzentwicklung veranlassen einen Verkaufsleiter keineswegs, sofort und eilfertig eine neue Marktstrategie zu entwickeln. Er registriert und analysiert die Informationen erst gründlich, bevor er eine Entscheidung trifft.

2. sich rasch umstellen können und eine gegebene Sachlage aus verschiedener Sicht zu betrachten vermögen: Die Angst lähmt sie nicht so, daß sie wichtige Aspekte der Wirklichkeit gar nicht oder nur verzerrt zur Kenntnis nehmen.

   Beispiel:
   Ein junger Mitarbeiter reagiert empfindlich auf Autoritäten. Seine Aversion macht ihn blind gegenüber vielen Zeichen des Entgegenkommens und der Sympathie seines Vorgesetzten. Allmählich verspielt er sich dessen Wohlwollen; er wird nicht zur Beförderung vorgeschlagen – für den jungen Mann ein weiterer Beweis, daß Autoritäten ungerecht sind.

3. eine klare Rangordnung dessen haben, was wichtig und was unwichtig ist: Nur wer selber eindeutige Präferenzen besitzt, kann rasch entscheiden.

Verhaltenstheorie

1. Ein alter Ratschlag lautet, Situationen bewußt zu *meiden*, die erfahrungsgemäß in uns leicht Konflikte auslösen („Versuchungen“). Allerdings ist Vermeiden nur dann ein brauchbarer Weg, wenn jemand solche Situationen frei aussuchen kann, nicht aber, wenn sie unvermeidlich sind. Zudem birgt jede Vermeidungsstrategie die Gefahr in sich, immer mehr Situationen als konfliktträchtig wahrzunehmen und ihnen aus dem Weg zu gehen, was im Extrem zu einer erheblichen Einengung des persönlichen Lebensraumes führt (wie er für bestimmte klinische Symptome, z. B. Phobien oder Zwänge, charakteristisch ist).

Beispiel:
Ein Alkoholiker weiß, daß er bei Parties leicht rückfällig werden kann. Um einen Rückfall zu vermeiden, geht er immer mehr jedem gesellschaftlichen Kontakt aus dem Wege.

2. Wichtig ist es, auf sog. *Interferenzen* zu achten, das sind Verhaltensweisen, die einen Kompromiß zwischen zwei (oder mehr) an sich unvereinbaren Reaktionstendenzen darstellen: gedrosselte Motivation, Mißmut, halbherziges Engagement sind Beispiele kompromißhafter „Verdichtungen".

   Beispiel:
   Ein Mitarbeiter wird nicht befördert, obwohl er fest damit gerechnet hat. Die Enttäuschung löst in ihm verschiedene Tendenzen aus: Für die Firma nur noch das Allernotwendigste zu tun, dem Vorgesetzten die Kooperation aufzukündigen, sich ganz auf eine Spezialaufgabe zu stürzen, um doch noch das ersehnte Ziel zu erreichen usw. Er kann sich aber, aus welchen Gründen auch immer, weder zu einer merklichen Rücknahme seines Arbeitseinsatzes noch zu klarer Kooperationsverweigerung noch zur Bewerbung für eine Sonderaufgabe durchringen. Statt dessen zögert er Vorhaben hinaus, läßt sich erst nach langen Diskussionen vom Vorgesetzten überzeugen und trägt in den Besprechungen immer wieder weitschweifig nebensächliche Informationen vor. Durch dieses Verhalten gelingt es ihm, alle drei Tendenzen teilweise zum Zuge kommen zu lassen: Er vermindert seine Einsatzbereitschaft, baut dem Vorgesetzten gegenüber eine gewisse Gegenposition auf und erweckt den Eindruck, als ob er für eine bestimmte Detailaufgabe besonders qualifiziert wäre.

3. Konfliktbewältigung fällt leichter, wenn einer Person bewußt ist, daß Reizeindrücke nicht nur von außen, sondern auch von *innen* kommen: Wünsche, Lustgefühle, spontane Gedanken, Stimmungen usw. Die Abstimmung der äußeren und inneren Reize, die Herstellung eines Gleichgewichts kann das Verhalten wieder zielorientiert ausrichten.

   Beispiel:
   Wenn ein Mitarbeiter nicht weiß, weshalb er an seinem Arbeitsplatz so unzufrieden ist, dann kann er mit dieser Situation auch nicht konstruktiv umgehen. Wenn ihm aber bewußt wird, daß neben bestimmten Aspekten der Arbeitsumwelt auch persönliche Erwartungen, Wünsche und Befindlichkeiten jeweils eigene Reaktionstendenzen in ihm hervorrufen, kann er daran gehen, jene Reaktion auszuwählen, zu verstärken oder neu zu lernen, die ein stimmigeres und ihn stärker befriedigendes Verhältnis zwischen innen und außen herstellt.

Welchen Nutzen bringt die Kenntnis verschiedener Konflikttheorien? Ist nicht jede von der anderen so verschieden, daß die Erklärung eines Konflikts durch die eine die anderen ausschließt? Nicht notwendigerweise, wie ein Beispiel verdeutlichen soll.

Beispiel: Wechsel der Konfliktperspektive

Konflikt. Freitag nachmittag kommt kurz vor Dienstschluß der Vorgesetzte zu einem Mitarbeiter und bittet ihn dringend, Samstag früh in die Firma zu kommen, weil eine unvorhergesehene Angelegenheit morgen unbedingt erledigt werden müsse. Der Mitarbeiter gerät in Wut und weigert sich lautstark, sein freies Wochenende zu opfern.

Eine *Konfliktanalyse* aus der Sicht der einzelnen Theorien könnte etwa folgendermaßen aussehen.

Unter *psychoanalytischer* Sicht wäre daran zu denken, daß der Mitarbeiter starke (Trieb-)Wünsche nach Freizeit hat, deren Befriedigung jetzt gefährdet ist. Die Intensität dieser versagenden (= frustrierenden) Konfliktsituation ist so stark, daß die Kontrolle durch das Ich nicht gelingt; sonst wäre ein den Umständen (und dem Anlaß!) angemesseneres Verhalten zu erwarten gewesen. Möglicherweise ist aber auch sein Überich nicht so stark ausgebildet; denn die Belange anderer (der Firma, des Vorgesetzten) scheinen dem Mitarbeiter vergleichweise gleichgültig zu sein.

Aus *entscheidungstheoretischer* Sicht bringen den Mitarbeiter die neuen und unvorhergesehenen Informationen in einen Konflikt mit seinen Erwartungen (auf ein freies Wochenende). Es gelingt ihm nicht, die möglichen Vor- und Nachteile der neu eingetretenen Situation gegeneinander abzuwägen und erst dann zu entscheiden. Die Diskrepanz zwischen den Anforderungen und den persönlichen Präferenzen ist so groß, daß ihm offenbar nur eine spontane und heftige Reaktion einfällt.

Die *verhaltenstheoretische* Sicht würde den Blick auf die verschiedenen Reizeinflüsse lenken, die im Mitarbeiter jeweils andere Reaktionstendenzen auslösen: Ja zu sagen, abzulehnen, zu schweigen, einen anderen Vorschlag zu machen, den Ärger runterzuschlucken usw. Er sieht sich nicht imstande, die verschiedenen Reaktionstendenzen zunächst als solche, also „in der Tendenz", zu belassen, sondern tritt die Flucht nach vorne an, indem er ausschließlich eine gerade mächtig sich vordrängende Reaktion, nämlich Wut, zum Ausdruck bringt.

Sehen wir nochmals auf den Fall zurück. Auf den ersten Blick ist nicht klar erkennbar, was gerade diese Reaktion des Mitarbeiters hervorruft. Ein psychoanalytisch trainierter Beobachter könnte schlußfolgern, daß es sich um einen ichschwachen oder egozentrischen Menschen handle. Ist aber damit die Konfliktanalyse schon abgeschlossen?

Die beiden anderen Sichtweisen legen eindringlich nahe, daß man diesen Konflikt aus guten Gründen auch anders wahrnehmen und erklären kann. Vielleicht wollte der Mitarbeiter gerade an diesem Wochenende etwas Wichtiges unternehmen und hat demnach starke Präferenzen, das Wochenende nicht mit Arbeit zu verbringen. Oder könnte es nicht auch sein, daß er, gegenwärtig von Arbeit voll in Beschlag genommen, sehnsüchtig das erholsame Wochenende herbeiwünscht – und gerade dahinein die Bitte des Vorgesetzten platzt, die die vorherige Planung wieder durcheinander bringt?

Möglicherweise handelt es sich wirklich um einen Mitarbeiter, der ichschwach ist, seine überwiegende Bedürfnisbefriedigung auf die Freizeit richtet und bei konkurrierenden Reaktionstendenzen gereizt reagiert. Aber es kann sehr wohl auch sein, daß er ichstark ist und hier eine Nagelprobe für seine Selbstbehauptung sieht, daß er für das Wochenende bestimmte Pläne hat, die er sich nicht durchkreuzen lassen will, daß er keinen Kompromiß eingehen, sondern nachdrücklich seinen Standpunkt klarstellen will.

Dieser Konflikt belegt beispielhaft, wie vielschichtig Beschreibungen und Erklärungen sein können. Die verschiedenen Theorien sind als Hypothesen aufzufassen, die es zu überprüfen gilt – durch Beobachtung und in Gesprächen. Die Betrachtung eines Konflikts aus verschiedener Sicht eröffnet die Möglichkeit, eigenes und fremdes Verhalten in Konfliktsituationen umfassender zu verstehen und begründet zu entscheiden, *welche Bewältigungsstrategie* im vorliegenden Fall angemessen und erfolgversprechend ist.

4.2 Zwischenmenschliche Konflikte

Konflikte zwischen Menschen können viele Wurzeln haben: knappe Güter; gegensätzliche Interessen, Wertvorstellungen, Überzeugungen; Unterschiede in Temperament und Lebensstil; Neid und Mißgunst usw. Die Ursachen müssen keineswegs immer objektiver Natur sein, sie können schon in den Eigenheiten menschlicher Erlebens- und Verhaltensweisen liegen. Aus *psychologischer* Sicht sind Wahrnehmungen, Gefühle, Einstellungen und Verhaltensweisen sowohl Ursachen als auch Folgen von Konflikten. Wir wollen sie im folgenden als Ursachen näher betrachten.

(1) Wahrnehmungen

Daß Menschen die Welt verschieden sehen, ist allseits bekannt. Um die Wichtigkeit von Wahrnehmungsvorgängen für das Entstehen von Differenzen und Konflikten deutlich und bewußt zu machen, seien vier Bilder präsentiert, deren jedes in besonderer Weise einen Wahrnehmungsvorgang beleuchtet, der für die Konfliktthematik erhebliche Bedeutung besitzt.

Die Figuren in Abbildung 7 zeigen, daß wir Dinge wahrnehmen können, die nur auf dem Papier, nicht aber in Wirklichkeit existieren. Was *zweidimensional* noch einigermaßen paßt, verliert seine Geltung, wenn die für räumliche Gebilde erforderliche dritte Dimension dazukommt.

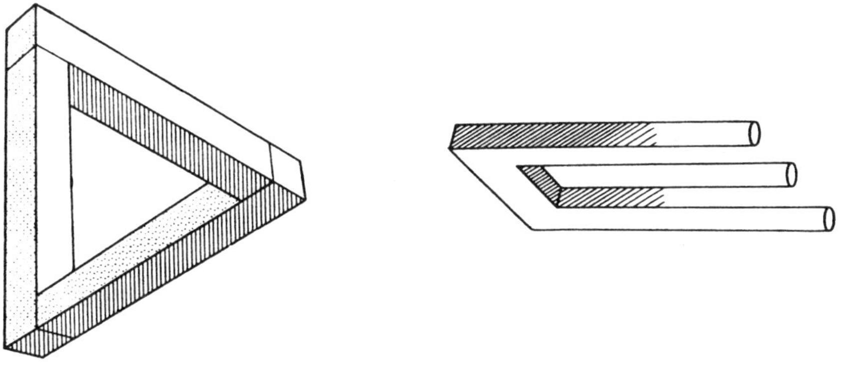

Abb. 7: Unmögliche Objekte[1]

In Konflikten ist die *reduzierte, ja eindimensionale* Wahrnehmung anderer Menschen fast schon an der Tagesordnung. Die Neigung ist weit verbreitet, das Verhalten anderer Menschen als direkten Ausdruck ihrer Persönlichkeit zu nehmen, ohne zu berücksichtigen, in welche Umstände sie eingebunden sind.

Beispiel:
Eine Sekretärin wird als kalt und abweisend empfunden, weil sie alle Besucher rigoros abblockt. Wenn man jedoch berücksichtigen würde, daß der Chef ihr verbindlich auferlegt hat, Störungen fernzuhalten, dann „sieht" ihr Verhalten schon ganz anders „aus".

Je dürftiger ein Mensch die Wahrscheinlichkeit wahrnimmt, desto weniger wird er ihr gerecht und desto leichter kollidiert sein Bild der Wirklichkeit mit dem eines anderen, der die gleiche Wirklichkeit vielschichtiger und differenzierter wahrnimmt.

Abbildung 8 ruft einen Kippeffekt hervor: Einmal sehen wir ein junges Mädchen, dann wieder eine alte Frau. Dinge und Menschen können sich ganz anders darstellen, wenn wir die *Blickrichtung* wechseln. Ein und dieselbe Gegebenheit kann jeweils etwas anderes darstellen, je nachdem, aus welcher Perspektive wir sie wahrnehmen (vgl. S. 30).

---

1 *John W. Burton*, Conflict an communication. The use of controlled communication in international relations, New York; the Free Press (= a division of MacMillan an Co ltd, 866 Third Avenue, Now York 10 022), 1969, S. 75; *Penrose & Penrose, in: British Journal of Psychology, 49, 1958, S. 31.*

Abb. 8: Alte Frau oder junges Mädchen[2]

Beispiele:

Die Ohrfeigen, die Eltern ihrem Sprößling verabreichen, können, je nach Standpunkt, wahrgenommen werden als

- Ausdruck eines festen elterlichen Erziehungswillens
- unkontrollierter Ausbruch elterlicher Aggressionen
- in dieser Kultur allgemein gebräuchliche Erziehungsmaßnahme.

Das Einlenken der Fa. Shell, die „Brent-Spar“, nicht im Meer zu versenken, kann wahrgenommen werden als

- Sieg von Greenpeace über einen Energiekonzern,
- Bereitschaft der Wirtschaft, auf ökologische Belange Rücksicht zu nehmen,
- geschickter Schachzug, um eine aufgeheizte, das Unternehmen schädigende Diskussion zu entschärfen.

In Abbildung 9 a fällt es schwer, auf Anhieb die Umrisse eines Menschen (Abb. 9 b) zu erkennen. Dinge und Menschen können in ihrer Umgebung so *aufgehen*, daß sie sich nicht mehr von ihr abheben.

---

2 *John W. Burton*, S. 77.

Abb. 9: Der verborgene Mann[3]

Beispiel:

Jugendliche, die einer Modewelle anhängen (Popper, Punks, Sekten), werden kaum als individuelle Persönlichkeiten gesehen, sondern als Angehörige einer Clique. Sie werden in das über diese Gruppe vorherrschende Klischee gepreßt.

Ein Mitarbeiter, der sich gänzlich konform verhält, wird im wahrsten Sinne des Wortes leicht übersehen. Beachtet wird er allenfalls von denen, die ihn „auch anders“ kennen (z. B. privat).

---

3 *John W. Burton*, S. 76 und 82. *B. P. Porter*, in: American Journal of Psychology, 1954, S. 550.

Abbildung 10 gibt das Ergebnis eines Experiments wieder. Der Befund belegt sehr anschaulich, daß wir dazu neigen, die Dinge zu sehen, die wir erwarten, sei's, weil unsere Aufmerksamkeit von außen darauf gelenkt wird, sei's, weil wir es so gewohnt sind.

Durchführung			Ergebnis Prozentsatz der Personen, die bei einer 1/75 Sek. dauernden Exposition von Bild M ein menschliches Gesicht erkannten
Gruppen	Vorinformation	Tachistoskopisch exponiertes Bild	
Kontrollgruppe	keine	M	100
Versuchsgruppe 1	„Sie sehen ein Tier“	M	73
Versuchsgruppe 2	„Stellen Sie sich ein schematisch gezeichnetes Häschen vor. Sie werden es jetzt zu sehen bekommen.“	M	27
Versuchsgruppe 3	Keine *verbale* Vorinformation; statt dessen wurden die Bilder A bis E (in dieser Reihenfolge) gezeigt.	M	15

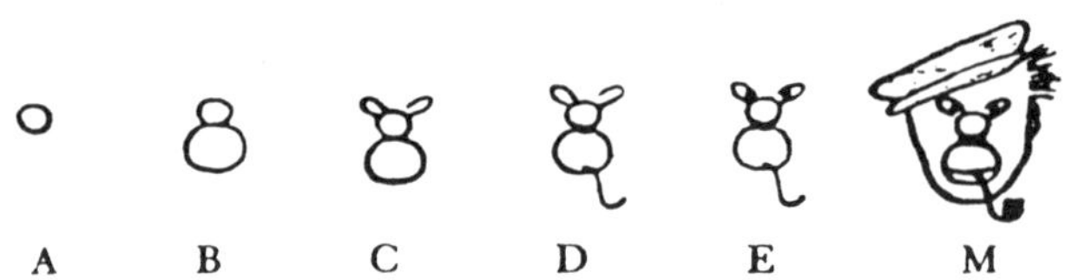

Abb. 10: „Häschen oder Mensch“[4]

Beispiele:

Wenn ein bekannter Politiker sich zu wichtigen politischen Fragen äußert, schalten viele ab; sie wissen eh schon, was er zu sagen hat. Meinungsänderungen oder differenzierte Stellungnahmen werden entweder nicht zur Kenntnis genommen oder als Täuschung interpretiert.

Wenn ein neuer Kollege als „kritischer Geist“ vorgestellt wird, fällt den anderen gleich seine aggressive Tonart auf.

4 Zusammengestellt nach *Carl F. Graumann*, Grundlagen einer Phänomenologie und Psychologie der Persprektivität, Berlin, de Gruyter, 1960, S. 171.

Wahrnehmungen schaffen für jeden eine *eigene Welt*. Die Wirklichkeit ist, wie *Schopenhauer* im Rückgriff auf stoische Lehren darlegt, weitgehend das Werk von „Wille und Vorstellung". Es gibt keine Erkenntnisweise oder wissenschaftliche Methode, die eine jenseits aller spezifisch menschlichen Erkenntnis liegende „reine", „unverzerrte", „objektive" Realität erschließt, die alle Menschen identisch wahrnehmen. Die Art, wie wir wahrnehmen, bestimmt unsere Wirklichkeit oder die Wirklichkeit für uns. Folglich hat es wenig Sinn, Konflikte dadurch bewältigen zu wollen, daß man herauszufinden versucht, wessen Wirklichkeit realitätsgerechter ist – wer Recht hat –, sondern es kommt vielmehr darauf an zu verstehen, *wie* wir zu unseren *verschiedenen Wirklichkeiten* gelangt sind und wie wir nun *trotz* verschiedener Auffassungen von Wirklichkeit miteinander umgehen wollen.

(2) Gefühle

Die Psychoanalytikerin *Karen Horney* (1951) unterscheidet drei Gefühlsrichtungen, die Menschen anderen entgegenbringen. Zwar kennt jeder bei sich alle drei Gefühlslagen, doch herrscht in der Regel eine vor, die dann auch unseren *persönlichen Stil im Umgang mit Mitmenschen* prägt und färbt.

Gefühlsrichtungen gegenüber anderen Menschen		
Hin zu ihnen	**Weg** von ihnen	**Gegen** sie
Die Hinwendung zu anderen Menschen entspringt dem starken Verlangen, von ihnen beachtet, angenommen und gemocht zu werden. Nur wenn andere sie akzeptieren, fühlen sie sich sicher und wertvoll. Kritik und Distanz empfinden sie als Zeichen der Ablehnung, die sie nur schwer oder gar nicht ertragen. Konkurrenz und Auseinandersetzung bedrohen die gesuchte Nähe und werden daher tunlichst gemieden.	Die Abwendung von anderen Menschen entstammt dem starken Bedürfnis nach Unabhängigkeit und Selbstgenügsamkeit. Nähe und emotionale Hinwendung engen sie ein und machen sie abhängig. Sich in andere einfühlen und sie zu verstehen suchen, bedroht schon die eigene Entscheidungsfreiheit. Mit Intellekt und Sachlichkeit hält man sich die anderen vom Leibe, Gefühle werden so gut es geht gemieden.	Die Wendung gegen andere Menschen resultiert aus einer tiefen Abneigung und dem aggressiven Bedürfnis, sie zu bekämpfen und zu unterwerfen. Die Annahme „homo homini lupus" (der Mensch ist dem Mensch ein Wolf) scheint ihre Lebensdevise zu sein. Jedes Zusammentreffen mit anderen weckt in ihnen stets aufs neue die Neigung (und Lust), sie zu erniedrigen. Soziale Kontakte nehmen unweigerlich die Form des Kampfes an. Frieden und Harmonie verachten und vermeiden sie.

Treten diese gefühlsmäßigen Grundtendenzen in extremer Form auf, so sind sie nach *Horney* als *neurotische Züge* zu betrachten. Doch auch der gesunde Mensch empfindet eine dieser Ausrichtungen als seinem Wesen gemäßer als die beiden anderen. Treffen nun Menschen mit verschiedener oder gleicher, aber unterschiedlich intensiver Gefühlsausrichtung aufeinander, so kann es leicht zu Mißverständnissen, Abneigungen, Kopfschütteln usw. kommen, und schon bereiten sich Konflikte vor.

(3) Einstellungen

Von den Gefühlen gegenüber anderen *Personen* sind die Einstellungen zu unterscheiden, die sich auf eine *Beziehung* richten. Zwei Kollegen können sich mögen – und dennoch miteinander rivalisieren. *Deutsch* (1976) unterscheidet drei grundlegende Einstellungen oder Orientierungen.

Einstellungen zu anderen Menschen		
Kooperativ	**Individualistisch**	**Konkurrierend**
Die Beziehung zu anderen so gestalten wollen, daß alle Beteiligte davon profitieren: • Die Ziele werden von allen geteilt • Probleme gehen alle an • Gleichgewicht statt Überlegenheit • Gerechtes Teilen statt egoistisches Übervorteilen • Sich wechselseitig fördern statt sich gegenseitig behindern	Die Beziehungen zu anderen so gestalten wollen, daß die eigene Unabhängigkeit gewahrt bleibt: • Weder den anderen noch der Beziehung einen eigenen Wert beimessen • An und in der Beziehung interessiert nur, was der persönlichen Zielerreichung dient • Auf andere wenig oder gar nicht setzen • Den eigenen Vorteil ggf. auf Kosten der anderen oder der Beziehung wahrnehmen	Die Beziehung zu anderen so gestalten wollen, daß vor allem der eigene Nutzen herausspringt: • Die eigenen Ziele auf Kosten der anderen verfolgen • Die anderen grundsätzlich als Gegner bekämpfen, die der eigenen Zielerreichung im Wege stehen • Den Abstand zu den anderen zu vergrößern trachten • Die anderen nach Kräften hindern, ihre Ziele zu erreichen

Die individualistische Einstellung kann, soll eine Beziehung von Bestand sein, nicht auf Dauer durchgehalten werden; sie muß sich zu einer konkurrierenden oder kooperativen entwickeln. Die konkurrierende Einstellung führt ein Gewinner-/Verlierer-, ein Freund-/Feind-Denken in die Beziehung ein und untergräbt damit ein partnerschaftliches Verhalten. Die kooperative Einstellung kann zwar Konfliktscheu und gekünstelte Harmonie hervorrufen, aber sie allein eröffnet die Chance, Konflikte konstruktiv zu bewältigen.

(4) Verhaltensweisen

Auch Verhaltensweisen können Konflikte auslösen. Menschliche Beziehungen werden auch durch das Gesetz von Aktion und Reaktion beherrscht. Dies läßt sich an der fundamentalen Dimension aller menschlichen Beziehungen, nämlich „Freundlichkeit – Feindseligkeit" veranschaulichen.

Beispiel:
Zwei Arbeitskollegen (A und B) stehen sich zunächst wohlwollend gegenüber (t). Aus Gründen, die nicht näher bekannt sind, zeigt sich B eines Tages zurückhaltend, ja abweisend (u). A fällt dies auf, er will oder kann aber darüber nicht reden und verhält sich ebenfalls zurückhaltend und abweisend (v). B registriert dies und wird sauer (w), was A wiederum veranlaßt, sich seinerseits darüber zu empören (x). Nachdem die Spannung zwischen beiden so stark angewachsen ist, gehen B die Nerven durch, und er attackiert A (y), worauf dieser sich umgehend rächt (z).

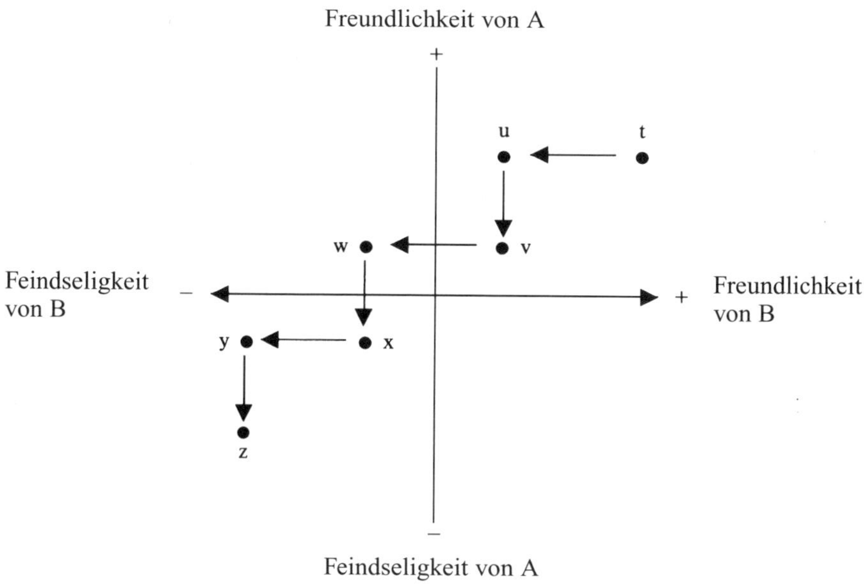

Abb. 11: Entwicklung von Feindseligkeit

Natürlich laufen solche Vorgänge nur dann so *automatisch* ab, wenn die Beteiligten nicht rechtzeitig miteinander reden. Aber Hand aufs Herz: Sind wir immer so frei und offen, andere darauf anzusprechen, wenn uns ihr Verhalten irritiert?

In vielen Situationen mangelnder oder fehlender Kommunikation sind die Parteien darauf angewiesen, das Verhalten der anderen Seite als freundlich oder feindselig zu interpretieren. Das „Gefangenendilemma“ (s. Anhang) bildet eine solche Situation ab. Wie gelingt es, daß hier beide nicht in totale Feindseligkeit abdriften? *Axelrod* (1987) schlägt dazu die „*Tit-for-Tat*“-Strategie vor, die folgende Merkmale (Schritte) aufweist:

1. *Freundlich sein*: Positiv beginnen, auf den anderen zugehen, ein Angebot machen.
2. *Verweigern können* (wenn der andere einen auszunutzen versucht): Kooperation ausschlagen, Nein sagen, Unterstützung aussetzen.
3. *Verzeihen können*: Den Versuch der Gegenpartei, einen auszunutzen, auf sich beruhen lassen und erneut ein kooperatives Angebot machen.
4. *Nicht neidisch sein*: Sich am Gesamtgewinn orientieren, nicht am relativen Vorteil gegenüber der anderen Seite.

Übung 3: Kooperation entwickeln

Rollenspiel 1

A und B einigen sich auf ein kontroverses Thema. In der Diskussion äußern sich beide zunehmend aggressiver und bissiger, bis sie drohen, handgreiflich zu werden.

Rollenspiel 2

A äußert sich zunehmend aggressiv und feindselig, während B gleichbleibend wohlwollend und freundlich bleibt.

Rollenspiel 3

A und B spielen die „Tit-for-Tat“-Strategie: Sobald einer der beiden den anderen über den Tisch zu ziehen versucht, d. h. unfair argumentiert, zahlt es ihm der andere mit gleicher Münze heim, kehrt dann aber wieder zur fairen Argumentation zurück.

Auswertung

1. Wie haben die Akteure die unterschiedlichen Situationen erlebt?
2. Welche Variante ist in der Realität leichter durchzuhalten?
3. Was folgt daraus für das Verhindern bzw. Entschärfen von Feindseligkeit?

4.3 Organisatorische Konflikte

Jede Organisation weist aufgrund ihrer Eigentümlichkeit als soziales Gebilde ein variables Konfliktpotential auf, das von vier fundamentalen Bereichen abhängt.

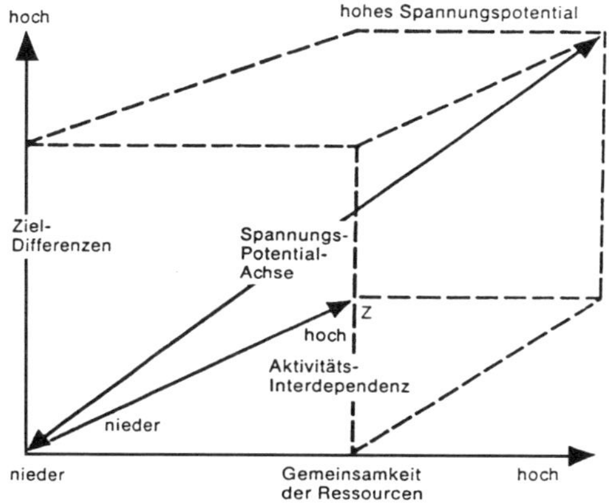

Abb. 12: Organisatorisches Konfliktpotential

Wie unschwer erkennbar, sind die fundamentalen Bereiche weitgehend identisch mit dem Organisationsmodell (s. S. 19).

- Differenzen in der *Zielausrichtung* betreffen die Strategie und die grundlegende Marschrichtung: Existiert eine überzeugende Vision? Ist die Strategie von den Führungskräften gemeinsam erarbeitet oder ihnen verordnet worden? Werden Zielkonflikte erkannt und in integrierten Lösungen entschärft? Hat sich die Führungsmannschaft auf verbindliche Werte geeinigt und sie in Führungsrichtlinien verbindlich niedergelegt?
- Grad und Form der wechselseitigen *Abhängigkeit*: Organisationen verknüpfen den Arbeits- und Leistungsvollzug ihrer Mitglieder vertikal wie horizontal. Die Abhängigkeiten können Spielräume beinhalten, einengen oder gar ausschließen. Welche Formen der Zusammenarbeit sind von der Sachlage her notwendig: das Nebeneinander, das Miteinander, das Gegeneinander? Wird die Zusammenarbeit regelmäßig auf ihre potentiellen Konflikte überprüft? Wird Kontrolle als Unterstützung oder als Mißtrauen praktiziert? Läßt der Führungsstil des Vorgesetzten Eigeninitiative zu? Gibt es eine klare, nachvollziehbare Leistungsbewertung? Sind Art und Umfang der organisatorisch-administrativen Regeln und Vorschriften zieladäquat?
- Der Zugriff auf gemeinsame *Ressourcen* eröffnet die Möglichkeit von Verteilungskonflikten. Sie sind besonders dann heftig, wenn die Orientierung an gemeinsamen, übergeordneten Zielen fehlt und keine wertfundierten Spielregeln für das Austragen solcher Konflikte existieren. Werden in Zielvereinbarungen die erforderlichen Rahmenbedingungen aus-

geklammert und offen gelassen? Verfügen Mitarbeiter über eigenständige Budget- und Planungsverantwortung? Gibt es ein transparentes System der Ressourcenzuteilung? Gibt es abteilungsübergreifende Verteilungsrunden?

- *Persönliche Eigentümlichkeiten* fehlen zwar im obigen Modell, müssen aber noch als 4. Kategorie hinzugefügt werden. Passen die Mitarbeiter aufgrund ihres Persönlichkeitsstils, Temperaments und Charakters in diese Organisation? Wird darauf geachtet, Personen einzustellen, die eine erwünschte Werthaltung schon mitbringen? Sind die Mitglieder fähig oder willig, Differenzen anzuerkennen und Meinungsverschiedenen fair auszutragen?

In Befragungen werden die folgenden Punkte als die häufigsten Konfliktursachen (in dieser Abfolge) genannt (*Regnet* 1992, S. 28.):

1. Unzureichende Kommunikation
2. Gegenseitige Abhängigkeit
3. Gefühl, ungerecht behandelt zu werden
4. (Rollen-)Mehrdeutigkeit aufgrund der Verantwortung
5. Wenig Gebrauch von konstruktiver Kritik
6. Mißtrauen
7. Unvereinbare Persönlichkeiten und Einstellungen
8. Kämpfe um Macht und Einfluß
9. Groll, Ärger, Empfindlichkeit
10. Mitgliedschaft in unterschiedlichen Einheiten
11. Auseinandersetzung über die Zuständigkeiten
12. Belohnungssysteme
13. Gesichtsverlust
14. Wettbewerb um knappe Ressourcen

Die Liste zeigt dreierlei:

- Die häufigsten Konfliktursachen (1–5 bzw. 6) fallen in die Führungsverantwortung von Vorgesetzen.
- Am zweithäufigsten (6–9) werden persönliche Faktoren aufgeführt.
- Die geringste Bedeutung haben strukturelle Einflüsse im engeren Sinn (10–14).

Dies bestätigt das hier vertretene Konflikverständnis: Nicht die objektiven Um- und Zustände, nicht das strukturelle Konfliktpotential determiniert das Konflikterleben von Menschen, sondern deren Erleben und Verhalten gestaltet den Konflikt. *Nicht der Konflikt ist schlecht oder bedrohlich, sondern die Menschen, die ihn nicht bewältigen wollen oder können.*

II. Konflikte analysieren

Teil I wollte das grundsätzliche Verständnis für Konflikte wecken. Dabei kamen schon wichtige Merkmale von Konflikten zur Sprache. In Teil II sollen diese Merkmale zum Zweck einer Konfliktanalyse zusammengefaßt und detaillierter beschrieben werden.

5. Praktische Konfliktanalyse

Es ist nicht beabsichtigt, eine umfassende Klassifikation von Konflikten vorzulegen. Die verschiedenen Prüflisten und Diagramme verfolgen allein einen praktischen Zweck: Sie wollen den Blick schärfen für die vielfältigen Möglichkeiten, in Konflikte konstruktiv einzugreifen. Darauf sind die folgenden tabellarischen Überblicke ausgerichtet. Sie sind nicht einer Konflikttheorie verpflichtet, sondern folgen den praktischen Bedürfnissen der Konfliktbewältigung, deren unterschiedliche Formen in Teil III dargestellt werden.

5.1 Konflikt als Prozeß – Konflikt als Struktur

Um einen Konflikt genauer zu analysieren, ist es zweckmäßig, ihn von zwei Seiten zu betrachten, zum einen als sich dynamisch entwickelnden *Prozeß*, zum anderen als von bestimmten Einflußfaktoren gestaltete *Struktur*.

- Die *Konfliktepisode* gibt die wesentlichen Etappen im zeitlichen Ablauf eines Konfliktaustrags wieder. Sie bildet den Konflikt als Prozeß ab (vgl. Abb. 13 auf S. 40).
- Das *Diagnoseschema* präzisiert die wesentlichen Bestimmungsgrößen eines Konflikts (in Organisationen). Es stellt den Konflikt als Struktur heraus (vgl. Schema auf S. 40 f.).

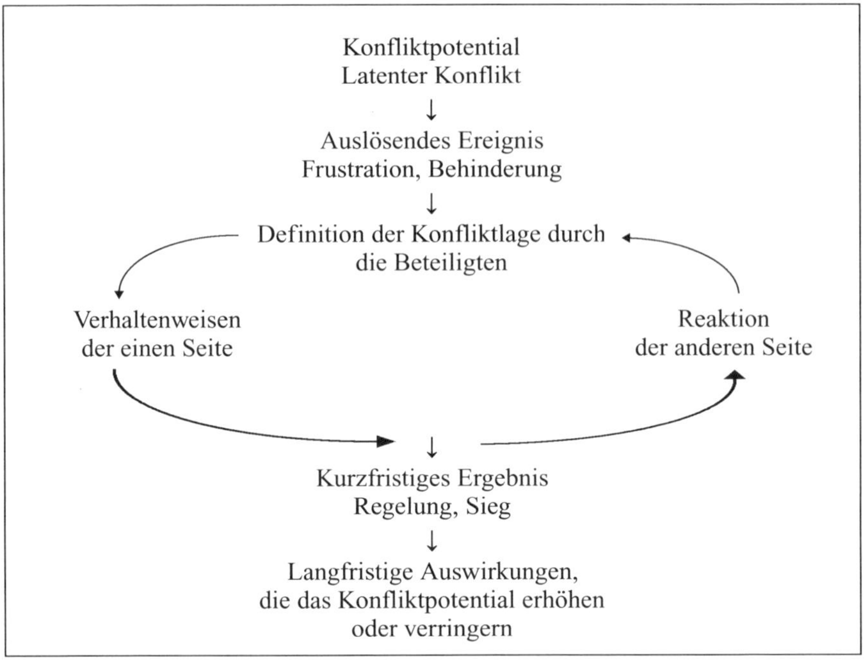

Abb. 13: Konfliktepisode: Konflikt als Prozeß

Konfliktdiagnose

Konflikt als Struktur

1. **Die Streitpunkte:** *Worum geht es?*
   - Was bringen die Konfliktparteien vor? Was ärgert, stört, irritiert sie?
   - Sehen das beide Parteien gleich, ähnlich oder verschieden? Woher wissen sie das?
   - Beziehen sich die Streitpunkte auf objektive Sachverhalte oder persönliche Ansichten?
   - Könnte der Konflikt aus einem anderen Bereich hierher verschoben worden sein?
   - Wie erleben sie die Streitpunkte persönlich? Wie wichtig sind ihnen diese Punkte?
   - Was ist der „springende Punkt", auf den sich beide Seiten versteifen? Worum geht es ihnen?
2. **Die Parteien:** *Wer steht im Konflikt gegeneinander?*
   - Sind die Parteien Personen, organisierte Einheiten oder formlose Kollektive?

- Was sind die (drei) größten Stärken und Schwächen jeder Konfliktpartei?
- Fühlt sich eine Seite der anderen seelisch überlegen, unterlegen oder gleichwertig?
- Wie definieren sie ihre Beziehung zueinander? Was erwarten sie voneinander?
- Sind sie organisatorisch einander zugeordnet: Über-/untergeordnet? Gleichrangig nebeneinander? Im Arbeitsablauf voneinander abhängig?
- Wie erleben die Parteien die von der Organisationsstruktur bzw. dem Arbeitsablauf gegebenen Abhängigkeiten? Wie gehen sie mit ihnen um? (Nutzen? Ausweichen? Mißbrauchen? Ablehnen?)
- Welche Forderungen kann eine Partei aufgrund ihrer Position an die andere stellen?
- Stehen die Parteien allein? Haben Sie Verbündete? Gibt es am Konflikt interessierte Dritte?

3. **Die Form:** *Wie äußert sich der Konflikt?*
   - Läßt sich der Konflikt als Sachkonflikt, Beziehungskonflikt, Wertkonflikt oder Verteilungskonflikt definieren?
   - Ist die Konfliktart klar abgrenzbar oder diffus vermischt?
   - Ist der Konflikt für die Parteien unvermeidbar oder vermeidbar? Sind sie überzeugt, daß sie zu einer Übereinstimmung kommen können?
   - Ist es ein „heißer" oder ein „kalter" Konflikt?
4. **Der Verlauf:** *Wie hat sich der Konflikt entwickelt?*
   - Was hat den Konflikt ausgelöst? Welche „kritischen" Ereignisse haben ihn verschärft?
   - Debattieren die Parteien noch miteinander, reagieren sie inzwischen aufeinander, oder kämpfen sie schon gegeneinander?
   - Welche Verhaltensmuster treten zwischen ihnen immer wieder auf?
   - Wie sucht die eine Partei die andere dazu zu bringen, auf ihre Anliegen einzugehen?
   - Was hat jede Seite bisher getan, um die Erwartungen der anderen zu unterlaufen?
   - Was versprechen sich die Parteien von einer Fortsetzung des Konflikts? Was glauben sie zu verlieren, wenn sie sich mit der Gegenseite verständigen? Zu welchem Einsatz sind sie bereit?
5. **Das Ergebnis:** *Was hat der Konflikt gebracht?*
   - Ist der Konflikt bewältigt, d. h. beendet? Dauerhaft oder nur vorläufig?
   - Wo und wann könnte der Konflikt wieder aufflammen?
   - Was unternimmt jede Partei, um mit dem Ergebnis konstruktiv zu leben?
   - Welchen Nutzen oder Schaden hat der Konflikt den Parteien gebracht? Und der Organisation?

Die fünf Einflußgrößen des Diagnoseschemas werden im folgenden genauer ausgeführt. Die Konfliktepisode läuft praktisch immer parallel mit, auch wenn nicht eigens auf sie verwiesen wird.

Übung 4: Diagnose eines Konflikts

1. Schreiben Sie zwei Konflikte auf, die Sie in letzter Zeit in Ihrem Arbeitsbereich erlebt haben.
2. Zur *Kurzdiagnose* benutzen Sie das Schema „Konfliktepisode“:
   - Wer war am Konflikt beteiligt (unmittelbar oder mittelbar)?
   - Was hat den Konflikt ausgelöst?
   - Worum ging es?
   - Wie haben sich die Beteiligten verhalten?
   - Wie ist der Konflikt ausgegangen?
   - Welche Auswirkungen hat er kurz- und längerfristig?
3. Zur *ausführlicheren* Diagnose orientieren Sie sich am Schema „Konfliktdiagnose“ sowie den unter 5.2 erwähnten Gesichtspunkten.

5.2 Analyseschemata zu den fünf Strukturelementen

1. Streitpunkte

Das erste, was in einem Konflikt zur Sprache kommt, sind die Streitfragen, also jene Punkte, die die Parteien gegeneinander vorbringen. Es gibt grundsätzlich nichts, was nicht zu einem Streitpunkt gemacht werden könnte. Umgekehrt ist keine Situation so dramatisch, daß sie zwingend und unausweichlich in einen Konflikt münden müßte. Streitpunkte und Ursachen vermischen sich aus der Perspektive der Parteien immer wieder, weil es Menschen sind, die eine Situation als Konflikt definieren und austragen. Deshalb ist es ratsam, die Parteien selbst die Streitpunkte benennen zu lassen, ihre Antworten sichtbar aufzuzeichnen, sie miteinander zu verbinden und ihnen diese „Konfliktlandschaft“ (*F. Glasl*) rückzumelden. Allerdings gibt es in jeder Organisation aufgrund des ihr eigenen Konfliktpotentials (s. 4.3) gewisse Themen, die häufiger genannt werden. Die von *Neuberger* (1987) aus der Organisationsklima-Forschung zusammengestellten Aspekte erlauben eine erste grobe Einschätzung sowohl der Streitpunkte als auch der von den Parteien vermuteten Ursachen.

Streitpunkte in Abhängigkeit vom Organisationsklima

	3 2 1 0 1 2 3	
	Arbeitsablauf	
Planlos	├─┼─┼─┼─┼─┼─┤	Bürokratisch
Durcheinander	______	Reglementiert
Mehrdeutig	______	Vereinheitlicht
	Abhängigkeit	
Selbständig	______	Abhängig
Eigener Verantwortungsber.	______	Bekommt nur Anweisungen
Hat Handlungsspielraum	______	Fühlt sich machtlos
	Klima	
Vertrauen	______	Mißtrauen
Wärme, Achtung	______	Kälte, Ablehnung
Nähe, Hilfe	______	Distanz, Rückzug
Zweiseitige Kommunikation	______	Einseitige Kommunikation
	Leistungsmotivation	
Schwung, motiviert	______	Trägheit, demotiviert
Engagement	______	Desinteresse
Energie, dynamisch	______	Kraftlos, lahm
Leistung wird betont	______	Leistung wird abgelehnt
	Zusammenarbeit	
Solidärität	______	Spannungen
Einheit	______	Cliquenbildung
Kooperation	______	Konkurrenz
Harmonie	______	Konfrontation
Arbeiten miteinander	______	Arbeiten nebeneinander
	Anreize	
Hohe, starke Belohnungen	______	Niedrige, wenige Belohnungen
Bestraft wird selten	______	Bestraft wird häufig
Fair und gerecht	______	Unfair und ungerecht
Berechenbar	______	Unkalkulierbar
	Innovation	
Bereitschaft zu Veränderungen	______	Starr, intolerant
Bereitschaft zu Risiken	______	Sicherheitsdenken herrscht vor
Flexibel	______	Unbeweglich
Lernbereit, offen	______	Lernunwillig, dogmatisch
	Hierarchie und Kontrolle	
Gleichheit	______	Machtunterschiede
Gleichwertigkeit	______	Über- und Unterordnung
Kontrolle als Unterstützung	______	Kontrolle als Überwachung

Übung 5: Strukturbedingte Streitpunkte

1. Halten Sie drei Konflikte fest, die in Ihrem Arbeitsbereich regelmäßig auftreten.
2. Beschreiben Sie das Organisationsklima Ihrer Arbeitseinheit (Gruppe, Abteilung, Bereich).
3. Identifizieren Sie anhand des Profils die wichtigsten Streitpunkte.
4. Welche Schlüsse ziehen Sie daraus? Was werden Sie unternehmen?

2. Parteien

Die Parteien können Personen, organisierte Einheiten oder formlose Ansammlungen (Masse) sein. Wir wollen uns hier auf Personen (als Parteien) beschränken, die in Organisationen überdies in bestimmten Abhängigkeitsbeziehungen zueinander stehen. *Menschen* geraten leichter mit anderen in Konflikt, wenn sie mehrere der folgenden Merkmale bzw. eines davon in ausgeprägter Weise aufweisen:

Konfliktträchtige Persönlichkeit	
Merkmal	Form der Äußerung
Mangelnde Kontaktfähigkeit Geringe Flexibilität	• Kann sich nicht auf verschiedene Menschen einstellen • Ist kontaktscheu • Zeigt sich häufig uneinsichtig • Vermag nicht die Eigenheiten anderer zu tolerieren • Ist selten kompromißbereit
Überzogener Ranganspruch Geltungsstreben	• Strebt übermäßig stark nach Anerkennung und Bestätigung • Sucht unablässig die eigene Unentbehrlichkeit zu dokumentieren • Mischt sich überall ein • Übergeht bzw. behindert andere

Konfliktträchtige Persönlichkeit (Fortsetzung)	
Merkmal	Form der Äußerung
Fehlende Frustrationstoleranz Geringe Belastbarkeit	• Kann mehrdeutige und unbestimmte Situationen kaum ertragen • Neigt zu vorschnellen und extremen Reaktionen (Urteilen und Wertungen) • Fühlt sich nur in vertrauter Umgebung wohl • Bevorzugt klare Regeln und eindeutig definierte Situationen • Läßt sich von Enttäuschungen und Mißerfolgen leicht entmutigen
Überzogenes Konformitätsstreben Ja-Sagertum	• Richtet sein Verhalten ganz nach der Meinung anderer oder dem Urteil von Autoritätspersonen • Neigt zum Ja-Sagen • Macht sich in Gruppen und Besprechungen kaum bemerkbar • Äußert selten Kritik • Ist bereit, je nach Situation rasch Prinzipien und Grundsätze über Bord zu werfen
Pessimismus Defätismus	• Ist häufig mißmutig, schlecht gelaunt, pessimistisch • Resigniert leicht • Hat an vielem etwas auszusetzen • Äußert sich häufig jammernd, nörgelnd und ablehnend • Ergreift kaum die Initiative • Wertet Vorschläge und Ideen anderer ab

Von Bedeutung ist auch, in welcher *strukturbedingten Beziehung* die Parteien einander *zugeordnet* sind. In Organisationen gibt es verschiedene Formen der Zuordnung, die jeweils eine andere Form der Abhängigkeit erzeugen. Jeder Form struktureller Zuordnung wohnt auch ein geistiges Prinzip inne, dessen Verletzung allein schon Konflikte erzeugt.

Beziehung der Parteien zueinander		
Form der Zuordnung	Beispiel	Hier gilt das Prinzip
Horizontal interdependent: Nebeneinander	Einzelne Personen, Gruppen oder Abteilungen haben eigene, abgegrenzte Aufgaben-, Ziel- und Verantwortungsbereiche	• Selbständigkeit • Koordination • Integration in übergeordnete Ziele
Horizontal sequentiell: Nacheinander	Im Arbeitsablauf gehen bestimmte Funktionen und Bearbeitungsinhalte anderen voraus, z. B. das Marketing der Produktentwicklung und das wiederum der Fertigung	• Gleichheit • Respekt und Achtung • Zubilligung eines disponiblen Zeitrahmens
Horizontal verschränkt: Miteinander	In Projektgruppen und Teams befruchten sich die Mitglieder gegenseitig	• Kollegialität • Kooperation • Synchronisation der Tätigkeiten
Vertikal dependent: Hierarchisch über- und untergeordnet	Die klassische Beziehung zwischen Vorgesetzten und Mitarbeitern	• Verliehene und anerkannte Autorität • Sensibler Gebrauch von Macht

Übung 6: Die Parteien im Konflikt

1. Schreiben Sie einen konkreten Konflikt aus Ihrem Arbeitsbereich auf.
2. Fragen Sie sich, in welcher Weise bestimmte Persönlichkeitszüge der beteiligten Parteien zu dem Konflikt beigetragen haben. Vorsicht: Nicht vorschnell „personalisieren“! Auf welche konkret beobachtbaren Verhaltensweisen stützen Sie Ihre Annahmen?
3. Analysieren Sie die organisatorisch festgelegte Beziehung der Parteien zueinander. Ist diese strukturelle Beziehung zieladäquat und ergebnisorientiert? Stimmt sie mit dem Selbstverständnis der Parteien überein?

3. Form

Das Verhalten der Parteien bestimmt die Form eines Konflikts. Die von außen erkennbare Form ist das Ergebnis verschiedener interner Prozesse: Gefühle, kalkulierendes Denken, Verhaltensweisen. Seine Form entsteht durch das Zusammenwirken von

- *Emotionen*, die im Konfliktaustrag vorherrschen („heiß" – „kalt"),
- *Einstellungen*, mit der die Parteien den Konflikt angehen („Strategie"),
- *Verhaltensmustern*, die die Parteien bevorzugt praktizieren („Stile");

Zusammen ergibt dies das *zwischenmenschliche Konfliktsyndrom*.
Diese verschiedenen Ebenen durchdringen sich sowohl beim einzelnen Akteur als auch im Konfliktaustrag miteinander. Die Form, in der sich ein Konflikt darbietet, ist nicht auf eine dieser Aktivitäten allein zurückzuführen. Sie stellen vielmehr unterschiedliche Perspektiven dar, unter denen ein Konflikt zu einem gegebenen Zeitpunkt betrachtet werden kann.

(a) Emotionen

Entscheidend ist nicht, daß jeder Konflikt emotionsgeladen ist, sondern welcher Art diese Emotionen sind. Die Gefühle variieren in einem Konflikt nicht nur nach Intensität, sondern auch nach Qualität. Ob ein Konflikt leicht oder schwer zu bewältigen ist, hängt in hohem Maße davon ab, ob das Klima *erhitzt* und damit *flüssig* oder *erfroren* und damit *erstarrt* ist (s. S. 48).

Während die Emotionen eher einen impulsiven Reflex auf die konfliktgeladene Konstellation darstellen, verdichten sich in der *Strategie* Vorstellungen, Absichten, Einschätzungen und Erfahrungen.

(b) Strategien

Unter *Strategie* versteht man die in verschiedenen Situationen gleichsam als roten Faden erkennbare Absicht und Vorgehensweise, mit der eine Person einen Konflikt beenden möchte. Dabei kann sie sich einer Reihe von Taktiken, d. h. kurzfristig angelegter Reaktionen bedienen. Die Funktion einer Taktik hängt von ihrer Stellung im Rahmen der Strategie ab. Die Strategie mag einer Person nicht voll bewußt sein, doch läßt sie sich leicht aus ihrem Verhalten rekonstruieren.

Man kann zwei grundlegende Strategien unterscheiden, mit denen Menschen in Konflikten agieren.

- Die *Pokerstrategie* entspringt aus der festen Überzeugung, daß es in jedem Konflikt Sieger und Verlierer geben muß. Also gilt es, sich auf Kosten der anderen Partei durchzusetzen, um selber zu gewinnen.

<table>
<tr><th colspan="3">Heiße und kalte Konflikte</th></tr>
<tr><th></th><th>Heißer Konflikt</th><th>Kalter Konflikt</th></tr>
<tr><td>Merkmale</td><td>Die Parteien
• sind übermotiviert
• erhitzen sich für ihre Ziele
• dünken sich überlegen
• suchen die direkte Konfrontation mit der Gegenpartei
• wollen die andere Seite partout überzeugen
• empfinden Regeln und Prozeduren als hinderlich
• explodieren im Kontakt miteinander
• suchen Anhänger zu gewinnen</td><td>Die Parteien
• sind voneinander enttäuscht und desillusioniert
• zweifeln an sich selbst
• haben den Glauben verloren, den Konflikt noch mit Anstand lösen zu können
• behindern und blockieren sich, wo sie nur können
• äußern sich sarkastisch und zynisch über die Gegenpartei
• empfinden tiefe Aversionen gegeneinander
• gehen einem direkten Kontakt aus dem Weg
• ziehen sich auf unpersönliche Formalien, Regeln und (Dienst-)Wege zurück</td></tr>
<tr><td>Ansatzpunkte</td><td>• Zuerst die die persönlichen Beziehungen klären, weil der Konflikt hochgradig personalisiert ist.
• Die Parteien sind bereit zu offener Aussprache und Überprüfung ihrer Standpunkte und Meinungen. In dieser Phase möchten sie ungern über externe Bedingungen sprechen.
• Erst später sind die Parteien bereit, auf organisatorische Aspekte und Rahmenbedingungen einzugehen.</td><td>• Zuerst die Parteien befähigen, den Konflikt miteinander auszutragen; dazu muß ihr Selbstwertgefühl gestärkt werden. Direkte Konfrontation oder Daten-Rückkopplung rufen zu Beginn massive Abwehr und Ablehnung hervor.
• Phantasien entwickeln lassen, wie es in der nächsten Zukunft weitergeht, um die Parteien dazu zu bringen, die Verantwortung für die Folgen ihres (Nicht-)Handelns zu übernehmen.
• Umgehungs- und Vermeidungsprozeduren direktiv abändern, um den Hang zur Isolierung und den gewohnten Rückzug zu unterbinden.</td></tr>
</table>

– Die *Problemlösungsstrategie* geht davon aus, daß jeder Konflikt ein Problem darstellt, das grundsätzlich lösbar ist und dessen gemeinsame Lösung beiden Seiten Vorteile bringt.

Die wichtigsten Züge der beiden Strategien sind in der Tabelle auf S. 50 gegenübergestellt.

Übung 7: Rollentausch

Situation

In einer größeren Behörde geraten zwei Abteilungsleiter (AL) in Konflikt miteinander, weil jeder versucht, seinen Mitarbeiter auf den frei gewordenen Posten des Referatsleiters zu befördern. Der nächsthöhere Vorgesetzte will sich nicht festlegen und gibt den beiden AL die Anweisung, sich im Gespräch zu einigen.

Rollenspiel:

Phase 1: AL A versucht, mit allen Mitteln und Tricks seinen Kollegen dahin zu bringen, daß er seinen Mann akzeptiert. Ihm ist erlaubt, alle Mittel – außer körperlicher Gewalt – einzusetzen, um den anderen zum Nachgeben zu bewegen. AL B geht dagegen offen in das Gespräch und möchte erst am Schluß seine endgültige Entscheidung fällen.
Dauer: 15′, dann Abbruch, auch wenn keine Einigung zustande kam.

Phase 2: Die Rollen wechseln; nun versucht AL B seinerseits mit allen ihm zur Verfügung stehenden Mitteln – körperliche Gewalt ebenfalls ausgeschlossen – dem Gegenspieler seine Präferenz aufzunötigen.
AL A steht es frei, wie er sich verhalten will.
Dauer: 15′

Diskussion

Die Rollenspieler: Wie haben Sie sich in den verschiedenen Bedingungen gefühlt? Welche Gefühle und Gedanken hat das Verhalten des anderen in Ihnen ausgelöst? Welches Verhalten haben Sie (bei sich und beim anderen) als besonders „durchschlagskräftig“ empfunden? Welche Folgen hatte der Rollenwechsel?

Die Beobachter: Teilen Sie den Spielern mit, was Sie wahrgenommen haben. Wie schätzen Sie die Motivation der einzelnen Spieler ein, das Gespräch fortzusetzen? Welche Folgerungen könnten daraus für den Alltag gezogen werden?

Strategien der Konfliktbewältigung

Problemlösungs-Strategie	Poker-Strategie
Definition	
Ich betrachte den Konflikt als unser gemeinsames Problem.	Im Konflikt muß es Sieger und Verlierer geben. Ich möchte gewinnen.
Absichten	
Ich kenne meine Wünsche, Interessen und Ziele und habe vor, sie täuschungsfrei offenzulegen.	Ich kenne zwar meine Wünsche, Interessen und Ziele, aber ich werde mich hüten, sie offen zu zeigen: entweder sage ich nichts dazu oder verdrehe sie.
Ich suche nach einer Lösung, die uns beide zufriedenstellt.	Ich werde alles daran setzen, dem anderen meine Position aufzuzwingen.
Ich möchte gemeinsame Ziele verfolgen.	Ich will meine eigenen Ziele verfolgen.
Verhalten	
Ich suche Machtunterschiede auszugleichen, indem ich – hervorhebe, wie wichtig es mir ist, daß wir zu einer gemeinsamen Lösung kommen, – betone, daß wir beide aufeinander angewiesen sind.	Ich suche Machtunterschiede bewußt herauszustreichen, indem ich – gleich zu Beginn feststelle, daß mir überhaupt nichts daran liegt, ob wir zu einer gemeinsamen Lösung kommen, – hervorhebe, daß ich vom anderen in keiner Weise abhängig bin.
Ich stelle zu Beginn meine Gefühle, Interessen, Absichten und Positionen offen und unverfälscht dar.	Ich lasse zu Beginn den anderen im unklaren über meine Gefühle, Interessen, Absichten und Positionen; ich halte mich bedeckt und lasse ihn kommen.
Während der andere spricht, versuche ich, mich in ihn hineinzuversetzen.	Ich vermeide es, mich in die Lage des anderen hineinzuversetzen; das „psychologisiert" nur den Konflikt.
Weder locke ich mit Versprechungen noch verunsichere ich mit Drohungen.	Anfangs locke ich mit Versprechungen; wenn der andere aber nicht nachgeben will, zögere ich nicht zu drohen.
Negative Gefühle drücke ich so aus, daß sie nicht verletzen.	Negative Gefühle bringe ich scharf zum Ausdruck, auch wenn sie verletzen.
Heftige Gefühle (Zorn, Ungeduld) gebe ich temperamentvoll wieder (= heißer Konflikt).	Heftige Gefühle halte ich zurück, aber ich nehme mir vor, es ihm zu einem späteren Zeitpunkt „heimzuzahlen" (= kalter Konflikt).
Ich gebe zu verstehen, daß meine Position nicht das letzte Wort ist.	Ich gebe unmißverständlich zu erkennen, daß ich von meiner Position nicht abrücken kann und werde.
Ich zeige mich entgegenkomend, um eine kooperative Beziehung herzustellen oder zu stabilisieren.	Ich zeige mich entgegenkommend, um die Kooperationsbereitschaft des anderen zum Durchsetzen meiner Ziele auszunutzen.

(c) Stile

Während die Poker- und Problemlösungsstrategien grundsätzlich verschiedene Vorgehensweisen in Konflikten wiedergeben, stellt der *Konfliktstil* eine mögliche typische Verbindung unterschiedlicher Ausprägungen beider Strategien dar. Ähnlich dem Führungsstil kommt er dadurch zustande, daß Konfliktparteien in ihrem Verhalten Orientierungen an den eigenen Belangen *und* an denen der Gegenseite in variabler Kombination vereinen. Um das Konzept des Konfliktstils besser zu verstehen, sei ein Fragebogen vorangestellt.

Übung 8: Meine Konfliktstile

Kreuzen Sie die Antwort an, die am ehesten zutrifft.

1. Jeder Konflikt rührt auch die Gefühle der Beteiligten auf.
   Wie würden Sie Ihre Gefühle in Konfliktsituationen beschreiben?
   a) Es macht mir richtig Spaß, wenn ich meinen angestauten Gefühlen Luft machen kann.
   b) Konflikte stimmen mich ernst. Ich mache mir Gedanken, was wohl die anderen meinen und fühlen.
   c) Ich bin frustriert; denn entweder ärgere ich mich oder resigniere, zu einer wirklichen Lösung kann ich doch nichts beitragen.
   d) Ich habe schon Spaß daran, aber die Gefühle dürfen nicht zu heftig werden.
   e) Ich habe oft Angst davor. Offene Aussprachen sind nicht möglich, ohne den anderen zu verletzen.

2. Sie ärgern sich aus irgendeinem Grund über einen Freund.
   Was tun Sie?
   a) Ich sage ihm, weshalb und worüber ich mich ärgere. Dann frage ich ihn, wie ihm nun zumute ist.
   b) Ich ärgere mich am meisten darüber, daß es ihm gelungen ist, mich so in Wut zu bringen. Ich gehe ihm deshalb aus dem Weg, bis ich wieder ruhiger geworden bin.
   c) Wenn ich Wut habe, explodiere ich, ohne viel zu fragen.
   d) Ich habe Angst davor, in Wut zu geraten. Sie könnte mich verleiten, etwas zu tun, was ich später bereue. Deshalb versuche ich, den Ärger zu verdrängen und gerade das Gegenteil von dem zu tun, zu was mich der Ärger antreibt.
   e) Eine richtige Wut ist für alle gut, solange niemand verletzt wird.

Übung 8: Meine Konfliktstile (Fortsetzung)

3. Eine Besprechung zieht sich immer mehr in die Länge, weil ein Kollege auf seinen Einwänden beharrt. Was tun Sie?
   a) Ich trete dafür ein, daß er seine Argumente vorbringen kann. Wenn er die Gruppe nicht zu überzeugen vermag, sollte er sich der Mehrheitsmeinung anschließen.
   b) Ich suche herauszufinden, weshalb der Kollege das Problem anders als die Gruppe sieht. Wir können dann nochmals unsere Argumente aus seiner Sicht prüfen und ihn besser verstehen.
   c) Solche Meinungsverschiedenheiten lähmen eine Gruppe. Ich dränge die anderen, zu angenehmeren Tagesordnungspunkten überzugehen.
   d) Der Kollege behindert unsere Arbeit. Ich sage das offen und verlange, daß wir notfalls ohne ihn weitermachen.
   e) Ich halte mich heraus, wenn andere streiten. Soll doch jeder sehen, wie er seine Meinung selber durchsetzen kann.
4. Gruppen müssen häufig Entscheidungen mit anderen Gruppen absprechen und koordinieren. Nach welchen Gesichtspunkten wählen Sie einen Gruppensprecher?
   a) Er soll unsere Meinungen am besten vertreten können, aber gleichzeitig auch flexibel genug sein, um unsere Position im Lichte der Argumente der anderen Gruppen so zu revidieren, daß eine optimale Entscheidung herauskommt.
   b) Er sollte unsere Position geschickt vertreten, aber alles vermeiden, was uns in eine Zwickmühle bringen könnte.
   c) Er soll kooperativ, freundlich und zurückhaltend sein, um Konflikte mit anderen Gruppen zu vermeiden.
   d) Er sollte hart verhandeln können, keine Zugeständnisse machen und unseren Standpunkt maximal durchsetzen.
   e) Ich würde jenen bevorzugen, der von vornherein auf Kompromisse eingeht.

Auswertung:

	9/9	5/5	1/9	9/1	1/1
1.	b	d	e	a	c
2.	a	e	d	c	b
3.	b	a	c	d	e
4.	a	e	c	d	b

Die Zahlen in der Auswertung repräsentieren einen jeweils anderen Konfliktstil. Das Konzept des Konfliktstils geht auf *Blake u. Mouton* zurück.

Analog ihrem Führungsmodell (vgl. *Blake u. Mouton*, 1964) lassen sich auch für die Konfliktthematik die beiden Dimensionen

- Orientierung an den eigenen Zielen und Belangen
- Orientierung an den Zielen und Belangen der Gegenpartei

jeweils in einer neunstufigen Skala untergliedern. Die zweidimensionale Zuordnung der beiden Dimensionen erlaubt es, fünf charakteristische Konfliktstile zu identifizieren.

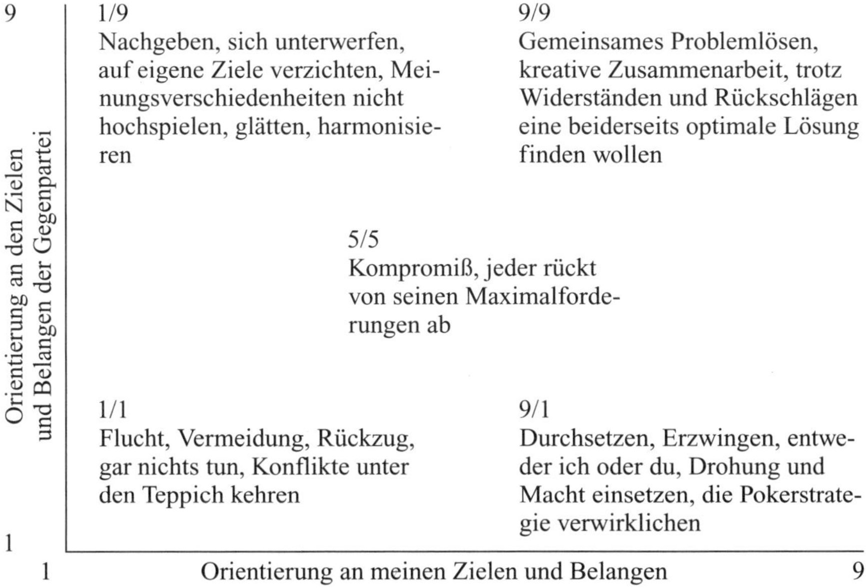

Abb. 14: Konfliktstile

Anmerkungen:

1. *Kein Stil kann als der einzig optimale gelten.* In verschiedenen Situationen kann jeweils ein anderer Stil angemessen sein. Ein Konflikt wird eher bewältigt, wenn die Beteiligten flexibel zwischen diesen Stilen variieren können.
2. *Jeder Mensch entwickelt eine für ihn charakteristische Abfolge von Konfliktstilen.* Er lernt, mit welchem Stil er zuerst einen Konflikt angeht und auf welchen er dann überwechselt, wenn der erste erfolglos bleibt. – Die folgende Übung 9 kann dazu dienen, die persönliche Präferenzfolge zu erkennen.

3. Die Stile 9/9 (Gemeinsames Problemlösen) und 5/5 (Kompromiß) können als *kulturell* akzeptierte Stile gelten. Wenn man Menschen fragt, wie Konflikte am besten bewältigt werden sollten, dann sagen die meisten: Indem die Parteien miteinander sprechen und eine beiderseits befriedigende Lösung oder zumindest einen Kompromiß suchen. Was aber, wenn trotz all dem keine Lösung zustande kommt? Dann fällt jeder auf einen der drei grundlegenden *biologischen* Stile zurück: 1/1 (Flucht), 1/9 (Unterwerfung), 9/1 (Kampf).

   Auf welchen fallen Sie zurück?

Übung 9: Meine Stilpräferenzen

Rollenspiele

Situation A: „Beurteilungsgespräch"

Ein Vorgesetzter stuft Arbeitsqualität und -quantität eines Mitarbeiters als durchschnittlich ein (Stufe 3 auf einer 5stufigen Beurteilungsskala). Der Mitarbeiter ist aber ganz anderer Ansicht, er hält seine Leistungen für mindestens gut (Stufe 2) bis sehr gut. Der Vorgesetzte versucht, den Mitarbeiter zur Übernahme seiner (des Vorgesetzten) Beurteilung zu bewegen.

Situation B: „Haushaltsgeld"

Einem Ehemann fällt auf, daß seine Frau in den letzten Monaten sehr großzügig mit dem Haushaltsgeld umgeht, so daß das Konto ständig überzogen ist. Der Ehemann will seine Frau veranlassen, den Haushalt wieder sparsamer zu führen.

Situation C: „Der laute Kollege"

In einem größeren Zimmer sitzen mehrere Sachbearbeiter zusammen. Einer von ihnen hat die Angewohnheit, sich bei Gesprächen (am Telefon, mit Kunden oder Kollegen) äußerst laut zu geben und häufig in ein dröhnendes Gelächter auszubrechen. Einen Kollegen stört dies, er sucht in einem Gespräch den anderen zu bewegen, sich leiser zu verhalten.

Anweisung

Der Mitarbeiter, die Ehefrau und der laute Kollege beharren auf ihrer Meinung bzw. ihrem bisherigen Verhalten. Der Vorgesetzte, der Ehemann und der Kollege sollen versuchen, ihren Gesprächspartner trotzdem zu einer Änderung zu bewegen.

Die Beobachter sollen registrieren:

a) Mit welchem Stil beginnen die drei (Vorgesetzter, Ehemann, Kollege), und mit welchem enden sie?
b) Wieviele und welche Konfliktstile bringt jeder zum Einsatz?

(d) Das Konfliktsyndrom

Nach *Deutsch* (1976) ergeben vier Merkmale zusammen das zwischenmenschliche Konfliktsyndrom. Wenn in einer Beziehung oder Gruppe ein Merkmal oder Symptom zu beobachten ist, dann sollte ein aufmerksamer Beobachter – der Vorgesetzte z. B. – gewarnt sein, denn über kurz oder lang werden sich auch die anderen Merkmale/Symptome einstellen. Damit beschreibt *Deutsch* die sich zirkulär zum Konfliktsyndrom steigernde Verlaufsform von Gruppenkonflikten. Das Konfliktsyndrom enthält aber auch wichtige Hinweise zum Abbau solcher Konflikte bzw. zur Deeskalation: indem die Mitglieder einer Gruppe vorbeugend oder regulierend den vier Symptomen entgegenhandeln, also offene Kommunikation praktizieren, Wahrnehmungsverzerrungen zurechtrücken, Vertrauen stiften und gemeinsame Ziele verfolgen (vgl. Abb. 15 auf S. 56).

4. Verlauf

Konflikte sind keine statischen Zustände, auch wenn sie, vor allem bei längerer Dauer, sich verfestigt zu haben scheinen. Jeder Konflikt hat vielmehr auch eine Geschichte, er entwickelt sich, ändert sich, nimmt an Intensität zu oder ab. Deshalb ist die jeweilige Form immer nur für einen gegebenen Zeitpunkt charakteristisch. Schon das Auftauchen eines Beobachters oder das Eingreifen einer dritten Partei kann ihn verändern. Konflikte entwickeln aber auch eine Eigendynamik. Da ein Konflikt die Parteien zwingt, sich Orientierung zu verschaffen und eine Lösung zu suchen, um wieder handlungsfähig zu werden, ähnelt jeder Konflikt einem Energiezentrum, das ihn weitertreibt, bis die Energie entweder in einer neuen Entscheidung („Regelung“) konstruktiv gebunden ist oder sich destruktiv leergelaufen hat. Diese dem Konflikt selbst innewohnende Schubkraft drängt zur *Eskalation*. Natürlich kann Eskalation auch absichtlich („strategisch“) eingesetzt werden, doch nur deshalb, weil sie die für Konflikte typischen Momente aufweist. Kalkulierte Eskalation schafft daher keine neuen Konfliktformen, sondern nutzt lediglich mehr oder weniger geschickt die einem Konflikt eigene Steigerungsdynamik.

Ein sozialer Konflikt entwickelt („steigert“) sich, wenn unbehandelt, grundsätzlich in drei Phasen: Debatte, Spiel und Kampf (*Rapaport* 1976), die sich jeweils noch einmal in drei Unterphasen (*Glasl* 1990) gliedern lassen (vgl. Schema auf S. 57).

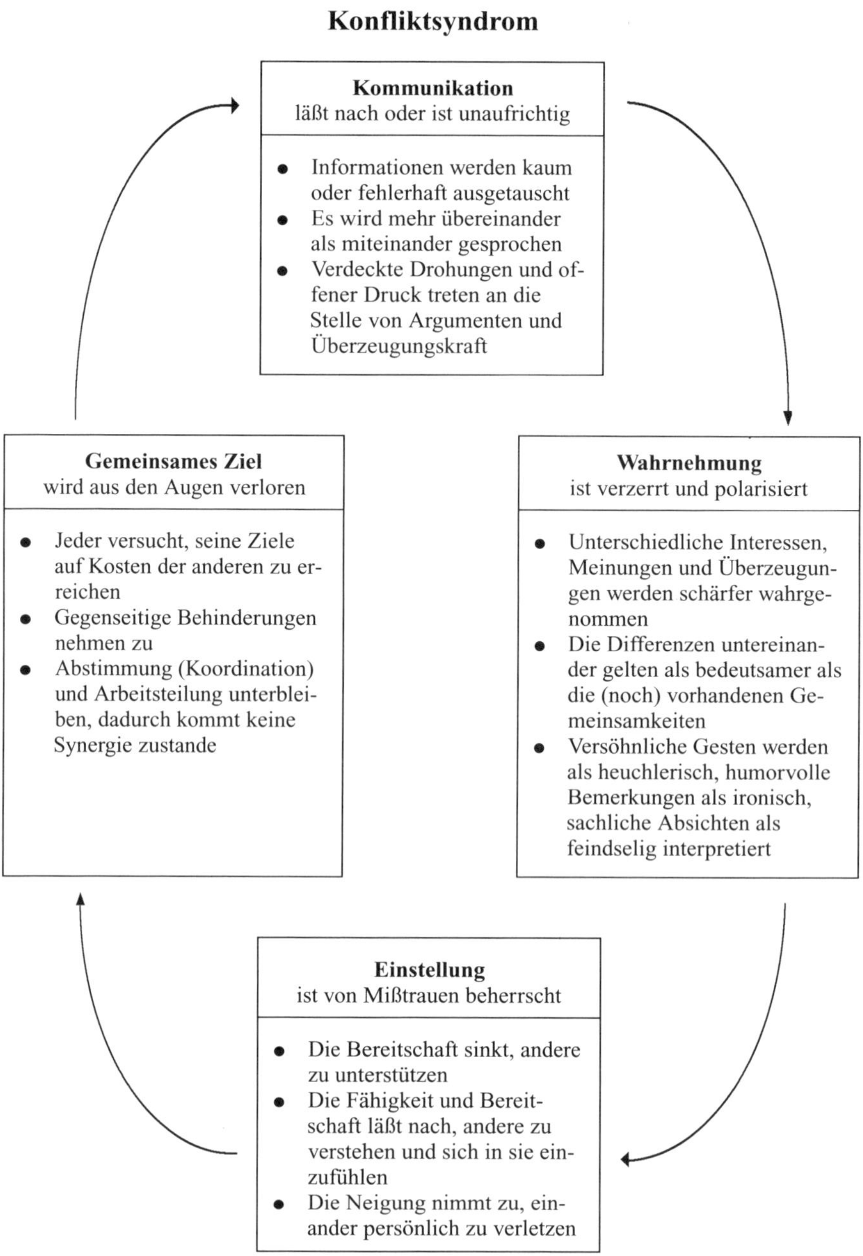

Abb. 15: Merkmale eines zwischenmenschlichen Konflikts (nach *Deutsch* 1976)

Konflikt als		
Debatte Kontroverse	*Spiel* Aktionen	*Kampf* Schläge
• Die andere Partei gilt als *Partner*, der *überzeugt* werden soll • Die Debatte wird mit *Worten* geführt • Die Parteien benutzen dazu rhetorische *Argumentationsfiguren* und psychologische *Einflußtaktiken*	• Die andere Partei gilt als *Gegner*, der besiegt *werden* soll • Das Spiel lebt von geschickten *Spielzügen*, d. h. Aktionen, die den Gegner in die Enge treiben und zum Aufgeben nötigen sollen • Nicht alle Mittel sind erlaubt, die Akteure respektieren gewisse *Spielregeln*	• Die andere Partei gilt als *Feind*, der persönlich getroffen, unterdrückt, geschädigt, ja schließlich *vernichtet* werden soll • Im Kampf ist *jedes Mittel recht*, auch Gewalt
• Die Debatte ist nur sinnvoll, wenn es eine richtige (oder wahre) Meinung gibt, die andere Seite aber entweder *nicht hinreichend informiert* ist oder *nicht logisch zu denken* vermag	• Ein Spiel setzt voraus, daß die Parteien möglichst gleich stark sind • Zwischen ungleichen Parteien kommt es entweder zu verdeckten Aktionen oder gleich zum Kampf	• Ein Konflikt nimmt dann die Form eines Kampfes an, wenn die andere Partei als alleinige Ursache des Übels angesehen wird
• Konflikt als Debatte ist beendet, wenn eine Seite die Argumente der anderen übernommen hat, d. h. sich hat *überzeugen* lassen	• Konflikt als Spiel ist beendet, wenn (auch durch Dritte) feststeht, daß eine Seite *gewonnen* und die andere *verloren* hat	• Konflikt als Kampf ist beendet, wenn eine Seite die andere *ausgeschaltet* hat
1. *Diskussionen* Differenzen werden bewußt 2. *Zusammenstöße* Polarisierung beginnt 3. *Verhärtung* Standpunkte lassen sich nicht versöhnen	4. *Koalitionsbildung* Verbündete werden geworben 5. *Gesichtsverlust* Die Gegenpartei wird öffentlich demontiert 6. *Drohungen* Sanktionen werden angedroht	7. *Ausgrenzung* Die Gegenpartei wird als „Unmensch" ausgesondert 8. *Zerstörungsschläge* Die andere Seite soll am Lebensnerv getroffen werden 9. *Totale Konfrontation* Vernichtung um jeden Preis, auch den der Selbstzerstörung

Es braucht die gesamte Kraft und Entschiedenheit wenigstens einer Seite, die erste Eskalationsstufe nicht zu überschreiten. Eine typische Eskalationsabfolge könnte folgendermaßen aussehen.

Debatten stehen meist am Anfang eines Konflikts: Die Parteien reden, ja streiten miteinander, sie tragen ihre Meinungsverschiedenheiten mit Worten aus. Sie verstehen sich in dieser Phase immer noch als *Partner*, die etwas Gemeinsames verbindet. Bleiben die Gespräche ergebnislos, besteht der Konflikt weiter. Früher oder später wird eine Seite die Geduld verlieren, sie läßt nun

⇩

Taten folgen, um die Gegenseite in Zugzwang zu bringen: Fakten werden geschaffen, hinter die eine Partei, ohne das Gesicht zu verlieren, nicht mehr zurückgehen kann (z. B. wenn andere Personen oder übergeordnete Stellen eingeschaltet wurden). Die Aktionen folgen der (Psycho-)Logik einer Strategie, d. h. sie sind bewußt kalkulierte Spiel- oder Schachzüge, die den anderen „mattsetzen" sollen. In dieser Phase stehen sich die Parteien als *Gegner* gegenüber, die einander besiegen und übereinander triumphieren wollen. Hilft auch das nicht weiter, dann wächst die Entschlossenheit zum

⇩

Kampf, der als letztes Mittel angesehen wird, den Konflikt zum Abschluß zu bringen. Zu Beginn mögen noch zivilisierte Mittel (z. B. Rechtsstreit) stehen, dann aber obsiegt zunehmend die Bereitschaft, mittels Drohgebärden und ausgesprochener Androhung von Sanktionen schließlich auch Gewalt und unerlaubte Mittel einzusetzen, alles mit dem Ziel, die andere Seite, die inzwischen zum *Feind* geworden ist, in die Knie zu zwingen. In extremen Fällen werden, um den Feind zu vernichten, auch eigene Verluste in Kauf genommen.

Beispiele		
In einer Projektgruppe ist der Zeitplan heftig umstritten. Der Projektleiter sucht zwei Teilnehmer zu überzeugen, seine Zeitvorstellungen zu realisieren.	Zwei Kollegen konkurrieren um die Leitung eines prestigeträchtigen Projekts. Jeder sucht den anderen durch gezielte Aktionen (Einbeziehung von Verbündeten, offensive Kontaktpflege zum Vorgesetzten) auszustechen.	Ein langjähriger Mitarbeiter weigert sich, der Konzeption des neuen, wesentlich jüngeren Vorgesetzten zu folgen. Dieser stellt ihn nach kurzer Zeit vor die Alternative, entweder freiwillig in eine andere Abteilung zu wechseln oder rauszufliegen.

Die Tendenz zur Eskalation hat vielfältige Gründe. Einer davon ist die wechselseitige Verschränkung von innerem Erleben und äußerem Verhalten, die sich in der Interaktion potenziert und den bekannten *Teufelskreis* auslöst.

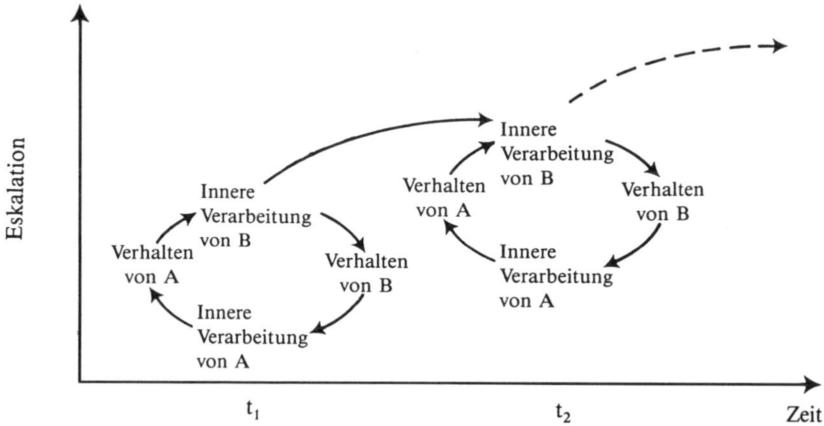

Abb. 16: Der zwischenmenschliche Teufelskreis

Thesen zum Teufelskreis

1. Er entsteht, weil jeder Konflikt eine Innen- und eine Außenseite hat. Die seelische und die zwischenmenschliche Ebene beeinflussen sich wechselseitig: Was in der Interaktion passiert, wird mit Assoziationen und Bildern innerlich verarbeitet, das Ergebnis erscheint wieder auf der sozialen Ebene.
2. Daraus folgt seine Eigendynamik: Er wird von persönlich-biographischen „Drallkräften" gespeist (Übertragungen, Projektionen usw.), die mit der Situation nichts zu tun haben.
3. Er verleitet zu einer falschen Lösungstheorie: „Weil du..., muß ich...". Jeder fühlt sich als Opfer (und damit unschuldig), nicht als Täter. Beide fühlen sich im Recht.
4. Einsicht allein ändert nichts, da die Akteure Teil des Problems sind.

Aus dem Teufelskreis führt nur ein Weg: *Mach mal was anders!*

5. Ergebnis/Folgen

Eine Auseinandersetzung kann verschiedene Konfliktepisoden durchlaufen, bis sie zu einem wenigstens vorläufigen Abschluß kommt. Die Ergebnisse können auf drei Ebenen liegen:

Konfliktergebnis und Folge		
Ergebnis	**Vorgang**	**Folge**
Überzeugung und Änderung	Eine oder beide Seiten haben ihre Überzeugungen, Einstellungen und Verhaltensweisen geändert, indem sie sie von der anderen Seite übernommen haben oder zu einer neuen Auffassung gelangt sind.	*Lösung* Konflikt ist ein- für allemal beendet, kehrt (zumindest in dieser Form) nicht wieder.
Gewinn und Verlust	Die eine Seite hat sich durchgesetzt und gewonnen, die andere den Kürzeren gezogen und verloren. Der Sieger hat einen Machtzuwachs bzw. -vorsprung. Gewinn und Verlust werden nur im Spiel hingenommen, nicht dagegen im wirklichen Leben, wie die menschliche Geschichte lehrt: Sieger schaffen sich Feinde, Verlierer sinnen auf Rache. Deshalb sind alle auf Gewinn und Verlust basierenden Ergebnisse immer vorläufiger Natur, nur so lange nämlich, wie die gegenwärtigen Machtverhältnisse andauern.	*Regelung als* – *Sieg* – *Kompromiß* – *Niederlage* Konflikt ist beendet, wenn die Regeln akzeptiert sind. *Neuauflage* Die Regelung galt nur vorläufig, oder die Regeln gestatten eine Neuauflage. *Wiederkehr* Eine Seite hat das Ergebnis nicht akzeptiert, oder der falsche Konflikt („Scheinkonflikt“) ist ausgetragen worden.
Schadensannahme und Neubeginn	Nach einer totalen Konfrontation bleibt dem Überlebenden nichts anderes übrig, als den Schaden zu registrieren und einen Neuanfang, so gut es geht, zu wagen.	*Verinnerlichung* Da die Gegenseite ausgeschaltet ist, kann der Schmerz (Schaden bzw. Verlust) nur innerlich bewältigt werden.

Das Zusammenspiel zwischen Ergebnis und Folge hängt mit der menschlichen Fähigkeit zusammen, Konflikte sowohl *außen* (zwischenmenschlich beobachtbar) als auch *innen* (in der Person) auszutragen. Ein Konflikt, der nach Einschätzung aller Beobachter auf der sozialen Ebene seinen Abschluß gefunden hat, muß diesen noch längst nicht auch im Erleben der Beteiligten widerspiegeln. Häufig existiert er dort noch lange weiter. Hiob, dieser alttestamentliche Gottesforderer, dokumentiert, daß ein Mensch Verluste nur schwer, wenn überhaupt verwinden kann; wenn die äußeren Feinde fehlen, dann hadert er eben mit Gott.

III. Konflikte bewältigen

6. Grundsätzliches zur Konfliktbewältigung

6.1 Formen der Konfliktbewältigung

Konflikten wohnt ein Lösungsdruck inne, sie können also nicht über längere Zeit gleich bleiben. Sie drängen auf eine Entscheidung, eine Beendigung. Weshalb? Damit der Mensch wieder erlebnis- und handlungsfähig wird. In der sozialwissenschaftlichen Literatur werden für diese Beendigung verschiedene Begriffe gebraucht: Konfliktlösung, -bewältigung, -handhabe, -management, -regelung usw. Sie stehen alle mehr oder minder unter dem Gedanken der „Lösung". Vom Grundsatz her ist das auch richtig, dennoch wird im folgenden nicht der Begriff Konfliktlösung zum Oberbegriff gewählt, sondern der der *Konfliktbewältigung*. Zur Begründung zwei Überlegungen:

- Wir haben oben gesehen, daß Menschen die Fähigkeit haben, Konflikte sowohl innen als auch außen auszutragen. In vielen Fällen wird ein Konflikt zwar nach außen hin beendet sein, aber in der Person weitergehen. Er existiert weiterhin, aber nicht mehr so, daß er die Person dauerhaft belastet und lähmt. In diesem Fall hat die Person gelernt, *mit* dem Konflikt zu leben. Er existiert, ist also nicht „aufgelöst", und dennoch ist er „bewältigt".
- Mit dem Wort „Lösung" verbindet sich die Vorstellung einer „Auflösung", in der der Konflikt einfach verschwunden ist. Überträgt man diese physische Vorstellung auf menschliche Konflikte, so kann man sich leicht ausmalen, wie eine solche Lösung aussähe: die widerständige Gegenpartei einfach zum Verschwinden zu bringen, sie in nichts aufzulösen. In der jüngeren deutschen Geschichte beschreibt das Wort „Endlösung" überdeutlich, wie eine Konfliktlösung aussehen kann, die eine Seite „radikal" (wörtlich: mitsamt der Wurzel) betreibt. Auch im Hinblick auf dieses historische Erbe scheint es mir angebracht, auf das Wort „Konfliktlösung" zu verzichten.

Konfliktbewältigung umfaßt alle Konzeptionen und Methoden, die die Beteiligten selbst oder eine dritte Partei (Berater, Vermittler, Schlichter, Machtinstanz) in und mit einem Konflikt unternehmen, um, allein oder gemeinsam, (wieder) situationsgerecht erleben und zielorientiert handeln zu können.

Konfliktbewältigung Formen			
Seelische Konflikte	Soziale Konflikte		
Personell Erleben und Handeln anforderungsgerecht strukturieren ⇩	*Strukturell* Veränderung des organisatorischen Konfliktpotentials ⇩	*Interpersonell* Zielorientierte Aussprache und Einigung durch die Parteien selbst ⇩	*Formell* Eingreifen einer internen oder externen dritten Partei ⇩
• Entscheidung • Rollendefinition	• Konflikt-prophylaxe • Konflikt-stimulierung	• Kooperatives Konfliktgespräch • Aushandeln	• Konflikt-regelung • Konflikt-beratung

6.2 Konfliktfähigkeit

Konflikte beginnen, wie ich weiter unten (s. unter 9.1) näher begründen werde, in der Person und enden auch wieder in ihr. Daher ist die Konfliktfähigkeit der Person von entscheidender Bedeutung. Worin besteht diese Fähigkeit? Am ehesten kann man sich das am Kernprozeß eines Konflikts verdeutlichen. Jeder Konflikt ist eine Störung, die Person ist, für den Moment wenigstens, irritiert, aufgehalten, kann nicht mehr zielbezogen handeln oder situationsgerecht erleben. Schematisch ausgedrückt:

$$P \rightarrow\!| \quad Z$$

Was braucht nun eine Person, um mit dieser Situation fertig zu werden? Die Fähigkeit, trotz der Anspannung variabel handeln und reagieren zu können. Die Person muß also so etwas wie eine innere Dispositionsfähigkeit haben, die es ihr erlaubt, weder zu erstarren noch auszurasten, weder schematisch zu reagieren noch sprunghaft zu handeln. Die Züge einer konflikt*fähigen* Persönlichkeit müssen daher in sich schon eine gewisse *Spannweite* aufweisen. Konflikt*trächtig* ist eine Persönlichkeit (s. 5.2) ja gerade durch ihr enges oder eingeengtes Persönlichkeitsspektrum. Konfliktfähig wird ein Mensch, indem er *sich erweitert*. So kann aus der konfliktträchtigen eine konfliktfähige Persönlichkeit werden (vgl. Schema auf S. 64).

Näher betrachtet umschreiben die (ersten fünf) Merkmale den alten Begriff der *Klugheit*. Klugheit vermag „das Zuträgliche und Abträgliche abzuwägen und zu unterscheiden“ (*Epikur*). Die Klugheit setzt selbst keine Ziele oder

Konfliktfähige Persönlichkeit	
Merkmal	Zeigt sich als Fähigkeit und Bereitschaft,
Flexibilität und Identität	• sich auf unterschiedliche Menschen und Situationen ein- und umzustellen • die eigenen Ziele in wechselnden Situationen nicht aus den Augen zu verlieren
Selbstwert und Dienst	• um die eigenen Stärken zu wissen und sich auf sie zu besinnen • einer Idee zu dienen und anderen von Nutzen zu sein
Belastbarkeit und Zielgerichtetheit	• momentan unklare oder widersprüchliche Situationen auszuhalten • Entscheidungen zu treffen und konsequent umzusetzen
Selbstbestimmung und Einsicht	• sich eine unabhängige Meinung zu bilden, sie in Gruppen und gegenüber Autoritäten zu vertreten • zu lernen, d. h. eigene Annahmen in Frage zu stellen und kompromißbereit zu sein
Zuversicht und Realitätssinn	• Vertrauen in sich, andere und die Zukunft zu entwickeln • mit Enttäuschungen und Mißerfolgen zu rechnen und leben zu können
Wertorientierung und Toleranz	• sich auf objektive Werte zu verpflichten • unterschiedliche Werte zu vertreten und mehrere Lebensziele zu verfolgen

Werte, sie ist instrumentell und „denkt nur an die geeigneten Mittel ... Die Klugheit herrscht nicht (dazu eignen sich Gerechtigkeit und Liebe besser), aber sie regiert" (*Comte-Sponville* 1996, S. 47). Klugheit ist mehr als Effizienz, sie ist die personale Voraussetzung, so zu handeln, daß den eigenen Werten ebenso Rechnung getragen wird wie der Gegenseite und der Gesamtkonstellation. Nicht umsonst gilt Klugheit als die erste der vier Kardinaltugenden, neben Gerechtigkeit, Mäßigung und Tapferkeit, ja geradezu als deren Voraussetzung. Und wo anders als in Konflikten erfährt die Klugheit ihre wahre Bewährungsprobe?

6.3 Ethische Prinzipien

Der Hinweis auf die Klugheit macht darauf aufmerksam, daß die Bewältigung von Konflikten nicht allein unter psychologischen Kriterien gesehen werden kann. Die Lösungen, die die Parteien finden, haben unter Umständen beträchtliche Auswirkungen – für sie wie für andere. Folglich muß jedes Ergebnis auch daran gemessen werden, ob es verantwortbar ist – gegenüber sich und anderen. Damit kommen unweigerlich ethische Maßstäbe ins Spiel, was nicht verwundert, da der „Konflikt Ursprungsort der Ethik" (*E. Spranger*) ist. Die Psychologie kann aus sich heraus solche Maßstäbe nicht setzen, doch *muß* sie einerseits auf ihre Notwendigkeit verweisen und *soll* sie andererseits jene Maßstäbe benennen, an denen sie sich selbst orientiert. Ich übernehme die von *Pikas* (1974) vorgeschlagenen vier Werthaltungen. Sie dienen zugleich als Wertmaßstab, um eine bestimmte Konflikthandhabe als verantwort- und vertretbar zu begründen oder abzulehnen.

Prinzipien der Konflikthandhabe		
Wert Prinzip	Eine Konflikthandhabe ist dann *destruktiv* und deshalb abzulehnen, wenn sie	Eine Konflikthandhabe ist dann *konstruktiv* und deshalb anzuwenden, wenn sie
Leben	• die physische, seelische und geistige Existenz abspricht • entwürdigt und herabsetzt • ausbeutet und ausnutzt	• Lebensmöglichkeiten erhält und erweitert (Biophilie) • die Würde wahren hilft
Selbstbestimmung	• die freie Entscheidung einschränkt oder verhindert	• mit den Beteiligten und durch sie erfolgt
Gerechtigkeit	• wichtige menschliche, soziale und sachliche Belange außer acht läßt	• die Prinzipien der Gerechtigkeit situativ berücksichtigt: – in Arbeitsbeziehungen als Billigkeit – in nahen Beziehungen als Gleichheit – in fürsorglichen Beziehungen als Bedürftigkeit
Wechselseitigkeit	• Werte gegeneinander ausspielt • Mittel unangemessen einsetzt	• sich an der „Goldenen Regel" orientiert

7. Seelische Konfliktbewältigung

Schilderungen erlebter Konflikte lassen den Schluß zu, daß ein seelischer Konflikt die folgenden fünf Merkmale aufweist (*Thomae* 1974). Die Person

- fühlt sich selbst, ihr *Ich* unmittelbar *betroffen,*
- *antizipiert*, was geschehen würde, wenn ... (sie sich so oder anders entschiede),
- erlebt sich als *verunsichert* und zweifelnd,
- spürt in sich einen *Druck*, diese Störung zu überwinden,
- empfindet die ganze Situation als *belastend* und angespannt.

Diese Merkmale kennzeichnen ernste Konflikte, die wichtige Entscheidungen abfordern, doch sind sie auch ansatzhaft in alltäglichen Konflikten gegeben. Wenn wir sie häufig nicht bemerken, dann wohl deshalb, weil wir im Konflikt so unter Druck stehen, eine Lösung zu finden, daß wir gar nicht auf unseren inneren Konfliktzustand achten. Es kann aber auch daran liegen, daß der Konflikt unbewußt bleibt. Dies wird immer dann der Fall sein, wenn es für uns zu schmerzlich ist, uns mit den Schattenseiten unserer Person auseinanderzusetzen.

Übung 10: Seelische Konflikte bewußtmachen

Versetzen Sie sich in eine entspannte Lage. Denken Sie nun an eine Situation in der letzten Zeit, in der Sie sich innerlich besonders angespannt, leicht reizbar, bedrückt oder gelähmt empfunden haben.

– Gab es einen erkennbaren Grund oder Anlaß?
– Waren andere Personen daran schuld?

Wenn Sie beide Fragen mit „nein" beantworten, sollten sie allein oder mit jemand anderem prüfen, welche gegensätzlichen oder unvereinbaren Tendenzen in ihnen selbst diesen Zustand herbeigeführt haben.

7.1 Formen seelischer Konfliktbewältigung

Die Literatur ist reich an Beschreibungen, wie Menschen seelische Konflikte zu lösen suchen. Die Psychologie geht hier nüchterner vor und sucht nach verallgemeinerungsfähigen Mustern. Spätestens seit *Sigmund Freud* ist überdies bekannt, daß auch das Unbewußte bei der Konfliktbewältigung eine gewichtige Rolle spielt. Zunächst seien die generellen Muster seelischer Konfliktbewältigung in ihrer psychodynamischen Entwicklung beschrieben. Danach wollen wir auf zwei innere Konfliktarten, die bei Führungskräften sowie in Organisationen häufig auftreten, eingehen: nämlich Entscheidungskonflikte und Rollenkonflikte.

Pongratz (1961) teilt die verschiedenen Formen, wie Menschen mit ihren inneren Konflikten fertig zu werden suchen, danach ein, ob sie sie direkt angehen oder ihnen ausweichen.

Seelische Konflikte Bewältigungsformen				
direkt			**indirekt**	
Entscheidung	**Einigung**	**Aneignung**	**Abwendung**	**Umrichtung**
• *Verzicht* durch Ausschluß einer Alternative (Schmerz) • *Unterordnung* der einen unter die andere Alternative (Priorität)	• *Echter Kompromiß* durch Verzicht auf die volle Realisierung (Schmerz) • *Fauler Kompromiß*, weil der Verzicht nur vorläufig gilt (Konflikt kehrt wieder) • *Synthese* der widersprüchlichen Alternativen in einer integrativen Lösung	• *Hinnahme* einer Situation, ohne sich mit ihr abfinden zu können oder zu wollen (Leiden) • *Annahme* einer Situation als Chance und Aufgabe (innere Änderung von Werten und Einstellungen)	• *Abwehr* durch Unbewußtmachen des Konflikts (Neurose) • *Abkehr* durch Flucht und Vermeidung (Drogen, Pharmaka, Krankheit)	• *Vollwertiger Ersatz* durch Wahl eines se-kundären Zieles (fordert Verzicht auf das primäre Ziel) • *Verschiebung* auf ein Ersatzobjekt (Ersatzbefriedigung) • *Neuorientierung* durch Neuausrichtung des bisherigen Wertsystems (Konversion)

Nicht jede Form ist geeignet, den Konflikt konstruktiv zu beenden. Die Tiefenpsychologie hat ein ganzes Arsenal von Abwehrmechnismen beschrieben, zu denen Menschen, häufig unbewußt, greifen, um den Schmerz einer direkten Auseinandersetzung zu umgehen: Lieber krank und (seelisch) behindert leben als auf (kindliche) Wünsche endgültig zu verzichten, scheint ihre Devise zu sein. Unreife (oder „neurotische") Formen der Konfliktbewältigung *blockieren* die seelischen Wachstumstendenzen einer Person. Sie entwickelt nicht voll das *ihr* mögliche Potential, das natürlich durch Anlage und Umwelt stets begrenzt ist. Statt dessen sperrt sie, bildlich gesprochen, sich und ihre Energie in einen Käfig, weil sie nicht auf der Nachbarwiese, die ihr viel besser gefällt, spielen kann.

Unreife = neurotische Konfliktbewältigung	**Reife = erwachsene** Konfliktbewältigung
⇩	⇩
Fauler Kompromiß Hinnahme Abwehr Abkehr Verschiebung	Verzicht Unterordnung Echter Kompromiß Synthese Annahme Vollwertiger Ersatz Neuorientierung

Weder Flucht in die Krankheit noch Verdrängung, weder griesgrämiger Verzicht noch Resignation bringen den Menschen letztlich weiter. Jeder Konflikt ist immer auch eine *persönliche Herausforderung*. Unreife Formen der Konfliktbewältigung verlängern die kindliche Existenzweise, sie tragen überzogene und nicht der Situation angemessene („Übertragung") Gefühlsregungen weiter. Eine Person, die nicht von liebgewordenen Vorstellungen, lang gehegten Wünschen, unverzichtbar erscheinenden Dingen Abschied nehmen oder andere Menschen in die Freiheit entlassen kann, gleichzeitig spürt oder gar weiß, daß die gegenwärtige Realität gerade dies fordert, verführt geradezu sich selbst, die ungeliebte Lage vordergründig zu akzeptieren, insgeheim aber ihre kindlichen Träume beizubehalten: Sie will weder eindeutig ohne Wenn und Aber verzichten, noch vermag sie ihre Wünsche voll zu befriedigen. Letztlich geht es immer darum, ob ein Mensch bereit ist, etwas oder jemanden aufzugeben und die Wirklichkeit in ihrem vollen Gehalt anzunehmen.

7.2 Entscheidung

Entscheidungen zu treffen ist eine der wichtigsten Führungsaufgaben. Situationen, die wichtige Entscheidungen fordern, erleben wir in der Regel als belastend und anstrengend. Sie lösen Angst und Anspannung aus, die sich meist in zwei Richtungen entlädt:

- als *Unruhe* (Nervosität, Schlaflosigkeit, Hektik, Gereiztheit, Appetitlosigkeit) oder
- als *Lähmung* (bedrückt, müde, ausgepowert, lahm, lustlos, Eßsucht).

Der innere Streß einer Entscheidungssituation hat drei Wurzeln:

Entscheidungskonflikt
Ursachen des erlebten Drucks

Angst vor den Folgen
⇩
Der Entscheider hat Angst vor den Risiken (= Kosten) einer Fehlentscheidung. Wenn sich die Entscheidung hinterher als falsch herausstellen sollte, muß er die Kosten tragen:
- *materiell*: Verluste
- *seelisch*: Zweifel an seiner Entscheidungsfähigkeit
- *sozial*: Infragestellung seiner Kompetenz, wenn er eine Entscheidung revidieren muß.

Fehlende Zuversicht
⇩
Der Entscheider glaubt nicht, eine bessere Alternative zu finden als die, die er schon kennt. Doch genau die hält er für unzureichend und ungenügend.

Zeitdruck
⇩
Der Entscheider glaubt, er habe keine Zeit mehr, um nach einer besseren Alternative zu suchen.

Der dreifache Druck führt zu fünf typischen Bewältigungsstrategien (nach *J. L. Janis*):

1. *Starres Festhalten* an der bisherigen Vorgehensweise; ignoriert einfach neue Informationen
2. *Sofortiges Ändern* der bisherigen Vorgehensweise: überdenkt nicht erst die neuen Informationen
3. *Defensives Vermeiden* einer Entscheidung durch
   - Aufschieben oder Hinauszögern („aussitzen“)
   - Abschieben der Verantwortung an andere („delegieren“)
   - verzerrte Wahrnehmung der Entscheidungslage („herunterspielen“)
4. *Hektische Betriebsamkeit:*
   - den Untergang an die Wand malen, wenn nicht sofort entschieden werde
   - impulsiv die erstbeste Alternative wählen, die Abhilfe zu versprechen scheint
   - zwischen verschiedenen Lösungen hin und her springen
   - sich gedanklich im Kreise drehen

5. *Konzentrierte Suche* nach einer geeigneten Lösung:
   - den (längerfristigen) Gewinn und Nutzen hervorheben
   - beherzt und beharrlich nach einer neuen, besseren Alternative suchen
   - sich bewußt Zeit für die Entscheidung nehmen.

Die ersten vier Strategien sind unproduktiv: Sie ignorieren den Konflikt, weichen ihm aus oder erliegen ihm. Allein die letzte ist konstruktiv, weil sie bewußt dem dreifachen Streß des Entscheidungskonflikts entgegenwirkt. Entscheidungsfähigkeit umfaßt nicht nur die Beherrschung einschlägiger Techniken, sondern auch die Fähigkeit, mit dem psychischen Druck dieser Konfliktkonstellation fertig zu werden.

Übung 11: Mein Verhalten in Entscheidungssituationen

1. Schreiben Sie drei wichtige Entscheidungen auf, die Sie in letzter Zeit zu fällen hatten.
2. Erinnern Sie sich, wie Sie sich in jeder Situation gefühlt und verhalten haben:
   - Welche der oben beschriebenen Muster kommen Ihnen bekannt vor?
   - Welcher der drei Streßfaktoren war jeweils besonders bedeutsam?
3. Denken Sie an eine Entscheidung, die Sie in nächster Zeit zu treffen haben:
   - Was werden Sie unternehmen, um dem wichtigsten Streßfaktor entgegenzuwirken?

7.3 Rollendefinition

„Ein Vorgesetzter ist ... einer, der von jemand einem anderen vor-gesetzt wurde“ (*Neuberger* 1990, S. 48). Mindestens drei Positionen sind hier tangiert: der Vorsetzende, die Führungskraft und die Mitarbeiter. Von jeder Position gehen Erwartungen an die jeweils andere aus. Eine Rolle umfaßt das Bündel an Erwartungen, die an den Inhaber einer Position gestellt werden. In Organisationen gibt es zwei grundlegende Erwartungsrichtungen:

- sich in ein vertikales, hierarchisches Beziehungsgefüge einzugliedern und
- funktionale (fachliche) Leistungsanforderungen zu erfüllen.

Die Erwartungen können mehr oder minder fest- oder gar vorgeschrieben sein. In der Regel gibt es um einen Kern verbindlicher Muß-Erwartungen abgestufte Bandbreiten von Soll- und Kann-Erwartungen. Verschiedene „Sender“ richten ihre keineswegs einheitlichen Erwartungen an den Rollenträger. Da überdies jeder von uns verschiedenen sozialen Systemen angehört – Familie, Nachbarschaft, Beruf, Gesellschaft, Verein, Kirchengemeinde usw. – steht er auch im Schnittpunkt vielfältiger Erwartungen, die selbst wieder in sich klar, mehrdeutig oder gar widersprüchlich sein können. *Neuberger* (1990) hat diese komplexe Situation in sechs Beziehungskonstellationen übersichtlich dargestellt.

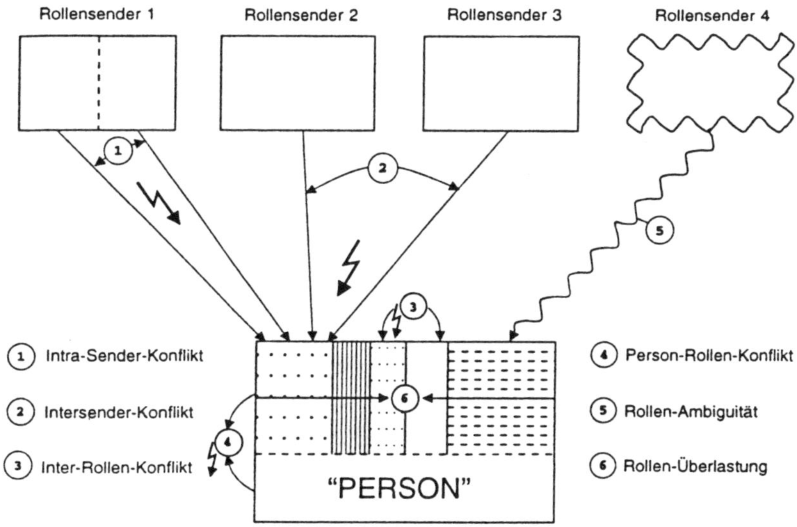

Abb. 17. Person und Rolle (*Neuberger* 1990, S. 88)

Erläuterung

Intra-Sender-Konflikt: Ein einzelner Sender erwartet Widersprüchliches vom Rolleninhaber.

Inter-Sender-Konflikt: Zwei verschiedene Sender stellen unvereinbare Erwartungen.

Inter-Rollen-Konflikt: Aus verschiedenen Systemen (z. B.Familie und Beruf) werden gleichzeitig widersprüchliche Erwartungen an den Rolleninhaber gerichtet.

Person-Rollen-Konflikt: Der Rolleninhaber sieht sich mit Erwartungen konfrontiert, die ihn mit seinen persönlichen Werten in Konflikt bringen.

Rollen-Ambiquität: Die an den Rollenträger gerichteten Erwartungen sind vage und mehrdeutig.

Rollen-Überlastung: Ein Rollenträger hat sich zuviele Rollen zugemutet.

Jede Rolle gibt einerseits dem Rolleninhaber die Möglichkeit, sich in ein soziales System (wie die Organisation) einzugliedern, andererseits läßt sie ihm genügend Spielräume, um seiner Rolle ein eigenes Profil zu geben. Negativ ausgedrückt: *Jede Rolle ist in sich konfliktträchtig*, keine Rolle ohne Spannungen, Mehrdeutigkeiten, Konflikte. Dies gilt natürlich auch für Führungskräfte. *Neuberger* (1990, S. 91) hat einige für die Führungsrolle typische Dilemmata aufgelistet (vgl. S. 73).

Übung 12: Mein Rollenverständnis als Führungskraft

Kreuzen Sie an, zu welcher Ausprägung bei jeder Dimension Sie eher neigen. Wenn Sie die Punkte verbinden, erhalten Sie ein Rollenprofil. Es spiegelt wider, wie Sie derzeit ihre Führungsrolle interpretieren. Sind Sie damit zufrieden, oder möchten Sie etwas ändern?

Was folgt daraus für die innere Konfliktbewältigung?

1. *Je verantwortungsvoller eine Rolle, desto unausweichlicher sind die mit ihr verbundenen Konflikte und Antagonismen.* Das liegt an ihrer Vermittlungsfunktion zwischen System und Person. Die Übernahme einer Führungsposition bedeutet gleichzeitig, die eigene Rolle (innerhalb des Systems) zu finden. Es klingt paradox, aber die Bewältigung des inneren Rollenkonflikts ist eine der ersten Rollenerwartungen.
2. Keine Rolle ist völlig durch externe Erwartungen, die Position oder die Struktur definiert. Jede Rolle enthält Spielräume, die allerdings durch eine „starke" Organisationskultur enger gezogen werden als von einer eher „weiten".
3. Jeder Rolleninhaber muß seine Rolle finden, d. h. neu definieren, indem er in wesentlichen Dimensionen (s. oben) Prioritäten und Akzente setzt. Er gibt seiner Rolle ein *persönliches Profil, indem er sich entscheidet.* Hier schließt sich der Kreis: *Wie* jeder gelernt hat, mit inneren Konflikten umzugehen, gibt auch die Richtschnur vor für die Art, Entscheidungen zu treffen und Rollen gehaltvoll zu gestalten – kurzum: seine unverwechselbare Identität zu entwickeln und zu formen. Innere Konflikte bieten dazu lebenslang das Gestaltungsmaterial.

Rollendilemmata

	3 2 1 0 1 2 3	
Mittel Mitarbeiter ist Kostenfaktor	├─┼─┼─┼─┼─┼─┤	*Zweck* Mitarbeiter ist Mittelpunkt
Gleichbehandlung Gerechte Regeln für alle	______	*Eingehen auf den Einzelfall* Rücksichtnahme
Distanz Hierarchie betonen	______	*Nähe* Kollegialer Umgang
Fremdbestimmung Eng kontrollieren	______	*Selbstbestimmung* Handlungsräume zulassen
Spezialisierung Experte sein	______	*Generalisierung* Zusammenhänge im Großen
Gesamtverantwortung Für alles zuständig sein	______	*Einzelverantwortung* Verantwortung delegieren
Bewahrung Tradition, Sicherheit	______	*Veränderung* Innovation, Flexibilität
Konkurrenz Konfrontation, Konflikt	______	*Kooperation* Unterstützung, Ausgleich
Aktivierung Antreiben, drängen, begeistern	______	*Zurückhaltung* Nicht einmischen, abwarten
Innenorientierung Auf Mitarbeiter konzentrieren	______	*Außenorientierung* Kontakte nach außen pflegen
Zielorientierung Ziele vereinbaren	______	*Aufgabenorientierung* Aufgaben vorschreiben
Belohnungsorientierung Belohnen und bestrafen	______	*Wertorientierung* Arbeitshaltung verinnerlichen
Selbstorientierung Eigene Interessen verfolgen	______	*Gruppenorientierung* Übergeordnete Ziele anstreben

8. Strukturelle Konfliktbewältigung: Veränderung des Konfliktpotentials

Führung ist in erheblichen Umfang Konfliktmanagement. Der wichtigste Beitrag, den Vorgesetzte dazu leisten können, liegt darin, daß sie vorausschauend Arbeitsbedingungen und Kooperationsformen schaffen oder gestalten, die das Auftreten von Konflikten auf ein vernünftiges Maß beschränken (*Prophylaxe*). Nicht selten stehen sie aber auch vor der Aufgabe, verkrustete Strukturen aufzubrechen oder unproduktive Arbeitsformen ändern zu müssen, um die Zielerreichung des Teams oder der Organisation sicherzustellen (*Stimulierung*). Beide Male setzen Führungskräfte an den Strukturen einer Organisation an. Deshalb kann man diese Form der Konflikthandhabe auch als „strukturelles Konfliktmanagement" bezeichnen.

8.1 Konfliktprophylaxe

Die klassischen Führungsaufgaben (s. *Stroebe/Stroebe*: Grundlagen der Führung, 1996, in dieser Reihe) erfüllen inhaltlich die drei grundlegenden Funktionen – altertümlich: Dienste – einer Führungskraft:

- *Lokomotion*: Erreichung der vereinbarten Ziele
- *Kohäsion*: Zusammenhalt untereinander und im Team
- *Identifikation*: Verpflichtung aller auf die Ziele der Organisation

Diese drei Funktionen stehen in unmittelbarem Zusammenhang mit den verschiedenen Formen zwischenmenschlicher Konflikte: Wert-, Sach-, Beziehungs- und Verteilungskonflikt (s. S. 19). Hinzugefügt seien noch die inneren Konflikte (vgl. Tabelle auf S. 75).

Indem eine Führungskraft ihre Aktivitäten daran orientiert, treibt sie indirekt gleichzeitig auch Konfliktprophylaxe. Sie sorgt dafür, daß unnötige Reibungsverluste, Doppelarbeit, zeitraubende Besprechungen, unklare Zielvorstellungen, Unzufriedenheit und Mißerfolg vermieden bzw. abgebaut werden. Konfliktprophylaxe ist daher eine der wichtigsten Aufgaben von Führung und kann nicht einfach an andere Stellen – z. B. das Personalwesen – delegiert werden.

Die Maßnahmen tragen dazu bei, Konflikte weniger wahrscheinlich zu machen, aber nicht, sie gänzlich auszuschalten (was auch nicht wünschenswert wäre). In einer Organisation mit geringem Konfliktpotential treten unnötige Konflikte erst gar nicht auf, und es herrscht ein Klima, in dem tatsächlich aufgetretene Konflikte entweder von den beteiligten Parteien direkt oder unter Einschalten einer dritten Partei konstruktiv bewältigt werden können.

Konfliktart	Konfliktreduzierende Maßnahmen
Wertkonflikte	• Eine überzeugende Vision und klare Mission vertreten, mit der sich Menschen identifizieren können • Wertvorstellungen und Spielregeln klären, die für alle verbindlich sind • Mitarbeiter in die Entwicklung gemeinsamer Zielperspektiven und Strategien einbinden • Kritische Loyalität fordern und fördern
Sachkonflikte	• Klare und überprüfbare Ziele vereinbaren • Wo dies nicht möglich oder ratsam ist: Grenzen und Bewegungsspielräume verbindlich abstecken • Besprechungen so führen, daß Kontroversen kreativ stimulieren und als bereichernd erlebt werden • Den horizontalen und vertikalen Informationsaustausch verstärken • Regelmäßige Treffen festlegen, um Probleme und Spannungen schon im Vorfeld zu entdecken, zu klären und gemeinsam anzugehen
Beziehungskonflikte	• Offenheit und Vertrauen fördern, am besten durch eigenes Beispiel vorangehen • Konflikte und Unstimmigkeiten aufgreifen und zur Sprache bringen • Klare Kompetenz- und Verantwortungsbereiche schaffen • Rückmeldung über Ergebnisse, Leistung und Verhalten rechtzeitig und begründet geben • Kritikrunden arrangieren („360-Grad“)
Verteilungskonflikte	• Durch Anreize den sportlichen Ehrgeiz wecken, nicht durch Drohungen die Aktivitäten gegeneinander richten • Spielregeln festlegen, die konkurrierende Aktivitäten regeln und binden • Prinzipien der Gerechtigkeit und Fairness verdeutlichen und einfordern
Entscheidungskonflikte	• Mitarbeiter nach Kriterien auswählen und (be)fördern, die die gemeinsamen Werte aktiv mittragen • Mut und Risikobereitschaft belohnen, die die Organisation ihrer Vision näher bringen • Intelligente Fehler tolerieren, aus denen alle lernen können

8.2 Konfliktstimulierung

Manchmal übernimmt ein neuer Vorgesetzter eine Gruppe oder Abteilung und muß nach kurzer Zeit erkennen, daß sie weit unter dem erwarteten Leistungsniveau bleibt. Er stellt z. B. fest, daß bestimmte Arbeitsvorgänge unrationell ablaufen, Doppelarbeit geleistet wird, Kollegen sich nicht abstimmen, Informationen steckenbleiben, gewisse Mitarbeiter sich weigern umzudenken, manche Kollegen schon lange einander aus dem Wege gehen, gegenseitige Unterstützung ausbleibt. Wenn derartige Dinge vorkommen, dann ist Handlungsbedarf angezeigt, sonst verfehlt die Arbeitseinheit ihre Ziele oder nutzt die von der Organisation zur Verfügung gestellten Ressourcen nicht effizient genug. Kernauftrag jedes Vorgesetzten ist es, dafür Sorge zu tragen, daß seine Einheit zum Gesamtergebnis den ihr möglichen Beitrag beisteuert. Ohne gravierende Änderungen wird die Einheit und damit auch die Position des Vorgesetzten selbst gefährdet sein. Also steht der Vorgesetzte vor der Entscheidung, Bewegung und Veränderung auszulösen. Und wie macht er das? Indem er Konflikte stimuliert oder anheizt. Vorher soll er sich aber fragen:

Konflikte stimulieren?

- Fühlen Sie sich von Ja-Sagern umgeben?
- Fürchten sich Ihre Mitarbeiter, Fehler, Unsicherheit und Unwissenheit zuzugeben?
- Wird bei Entscheidungen zu sehr darauf geachtet, einen Kompromiß zu finden, wobei Werte, längerfristige Ziele oder die Vision auf der Strecke bleiben?
- Glauben die Führungskräfte, es mache einen guten Eindruck, wenn in ihrer Einheit Friede und Harmonie herrschen?
- Sind die Entscheidungsträger sehr darauf bedacht, die Gefühle anderer nicht zu verletzen?
- Glauben die Führungskräfte, Beliebtheit lohne sich eher als Kompetenz und Leistung?
- Sind die Führungskräfte übermäßig bestrebt, Konsens für ihre Entscheidungen zu finden?
- Zeigen die Mitarbeiter ungewöhnlich starke Widerstände gegenüber Neuerungen?
- Fehlen neue, weiterführende Ideen?
- Herrscht ein ungewöhnlich geringer Personalwechsel?

Wie kann er das machen? Indem er an den vier möglichen Konfliktarten ansetzt:

- *Sachkonflikt:* Ziele vereinbaren und Ergebnisse kontrollieren; gemeinsame Problemklärungsrunden einrufen; Mitarbeiter, die ihren Lieblingstätigkeiten nachgehen, so mit neuen Aufgaben zuschütten, daß sie dafür keine Zeit mehr haben; Entscheidungswege verkürzen (Dienstweg abschaffen); Entscheidungen nach unten delegieren.

- *Wertkonflikt:* Auf die Vereinbarung gemeinsamer Werte drängen; Ziele hinsichtlich ihres Beitrags zur langfrsitigen Vision/Strategie begründen lassen; die Mitarbeiter auffordern, selbst Vorstellungen über ihre persönliche Entwicklung zu formulieren.
- *Beziehungskonflikt:* Vorher unabhängig arbeitende Mitarbeiter in ein Team zusammenspannen; Kritik offen ansprechen; schwelende oder „kalte" Konflikte angehen.
- *Verteilungskonflikt:* Ressourcen verknappen oder anders als bisher verteilen; Mitarbeiter, die mitziehen, mit interessanten Projekten und Aufgaben belohnen.

Wie auch immer eine Führungskraft Konflikte stimuliert: Sie muß die Kontrolle behalten. Es ist gefährlich, ein Feuer zu entzünden und zu hoffen, daß irgendwer schon die Feuerwehr spielt. Wer Konflikte sät, kann sie nur als Chance nutzen, wenn er auch die Kunst der Konfliktbewältigung beherrscht.

9. Kooperative Konfliktbewältigung: Einigung durch die Beteiligten

Ist ein Konflikt zwischen zwei (oder mehr) Personen ausgebrochen, so werden diese den Konflikt zunächst einmal unter sich zu bereinigen versuchen. Aufgrund der bekannten Dynamik von Konflikten ist die direkte Auseinandersetzung aber auch eine der schwierigsten Formen der Konflikthandhabe. Daher sei im folgenden ausführlicher darauf eingegangen, indem ich das Modell eines *kooperativen Konfliktgesprächs* vorstelle. Der Kerngedanke des Modells läßt sich auch auf heftigere Formen *kontroverser Verhandlungen* übertragen.

9.1 Das kooperative Konfliktgespräch

Ziel des kooperativen Konfliktgesprächs ist, daß die Parteien einen Konflikt zwischen sich so in den Griff bekommen, daß sie (wieder) situationsbezogen erleben und zielorientiert handeln können. Das kooperative Konfliktgespräch verläuft in sechs Phasen:

Phase A: Der Konflikt beginnt in der Person, wenn sie wahrnimmt, daß eine andere sie in irgendeiner Weise behindert oder beeinträchtigt. Normalerweise reagieren Menschen darauf mit erhöhter Erregung, in der sie Kräfte zur Überwindung der behindernden Situation mobilisieren. Folglich setzt auch der Prozeß der Konfliktbewältigung *in* der Person an: Ihre erste Aufgabe ist es, die eigene *Erregung unter Kontrolle zu bringen.* Nur so besteht die Chance zu einer vernunftgeleiteten Auseinandersetzung.

Phase B: Nun richtet sich der Blick auf die andere Konfliktpartei. Zu ihr muß eine Beziehung hergestellt werden, die die Grundlage für eine gemeinsame Suche nach der besten Lösung abgeben kann. Die Bereitschaft, sich auf ein solches Vorgehen einzulassen, setzt aber *Vertrauen* voraus. *Vertrauensbildende Maßnahmen* sind also der nächste Schritt.

Phase C: Vertrauen im Prozeß der Konfliktbewältigung bedarf der ständigen Vergewisserung. Diese kann nur durch eine *offene Kommunikation* zuwege gebracht werden.

Phase D: Jetzt erst erscheint es sinnvoll, den Inhalt bzw. das Thema des Konflikts aufzugreifen. Dies geschieht durch die *gemeinsame Problemlösung.*

Phase E: Die Lösung, auf die sich die Parteien einigen, muß abgesichert werden, weil sonst das Vertrauen überstrapaziert würde. Niemand ist dagegen gefeit, in ihn gesetztes Vertrauen auch einmal zu mißbrauchen (wenn er sich unbeobachtet wähnt oder dazu berechtigt glaubt). *Normen und Regeln* entlasten von solchen Versuchungen. Die *normative Festlegung* oder *Vereinbarung* schließt die Lösungssuche ab.

Phase F: Der Konflikt ist nun auf der sozialen Ebene beendet. Doch damit ist die durch ihn bei jeder Partei ausgelöste Betroffenheit nicht automatisch aufgelöst. Die auf der zwischenmenschlichen Ebene getroffene Regelung oder Vereinbarung muß auch innerlich von jeder Seite akzeptiert und integriert werden. Die Konfliktbewältigung ist deshalb nur dann wirklich abgeschlossen, wenn jede Partei sie auch *innerlich verarbeitet.* Der Ablauf der Konfliktbewältigung endet dort, wo er seinen Ausgang genommen hat: im *Inneren* der Person.

Hinter diesem 6-Phasen-Modell kooperativer Konfliktbewältigung stehen die beiden folgenden *Annahmen:*

(1) Konflikt und Konfliktbewältigung aktivieren *kognitive und emotionale* Vorgänge. Die gedanklichen Bemühungen sind aber nur dann kreativ,

konstruktiv und erfolgreich, wenn sie in ein gefühlsmäßig akzeptables Klima eingebettet sind. Denken in feindseliger Stimmung kann durchaus scharf und spitz sein, wird aber kaum zur kooperativen Einigung beitragen. Konflikte sind meist belastend, weshalb es unerläßlich erscheint, von den Emotionen der Personen auszugehen und die Konfliktbewältigung auch wieder emotional abzuschließen.

(2) Konflikt und Konfliktbewältigung spielen sich meist *sowohl auf der intrapersonalen wie auf der interpersonalen Ebene* ab. Nur in seltenen Fällen bleibt ein Konflikt auf eine Ebene beschränkt. Das Phasenmodell bringt diesen Zusammenhang deutlich zur Darstellung und ermöglicht damit, Konflikte wirklich zu bewältigen, d. h. zu beenden statt sie von einer Ebene auf die andere zu verschieben.

Phasen

A. Erregung kontrollieren

Ein Konflikt wird in der Regel zumindest einem Beteiligten bewußt, wenn er wahrnimmt, daß er durch eine andere Person in irgendeiner Weise behindert wird. Diese Behinderung kann verschiedener Art sein; sie läßt sich an tausend Alltagsereignissen festmachen. Es ist unmöglich, hier alles aufzuzählen, was Menschen als hinderlich, versagend, verletzend und beeinträchtigend empfinden. Daher gilt der Grundsatz: Ein Konflikt existiert dann, wenn zumindest eine Seite erkennt, daß jemand anderer sie in irgendeiner Weise beeinträchtigt, stört, behindert, übergeht, lähmt usw., auch wenn dies nicht beabsichtigt ist oder der Anlaß unerheblich scheint. *Wenn eine Seite einen Konflikt feststellt, dann existiert er auch.*

Auf Störungen unserer kontinuierlich dahinfließenden Aktivitäten reagieren wir ganz spontan mit einem Impuls: Wir erregen uns und mobilisieren so Energie, die uns befähigen soll, das Hindernis zu überwinden. Diese Erregung kann, wenn sie sich umgehend im Verhalten entlädt, verschiedene Formen aggressiven Attackierens annehmen: böse Blicke werfen, drohen, schimpfen, ausfällig werden, körperlich zuschlagen usw.

Ein Impuls hat jedoch immer zwei Seiten:

- eine *gefühlsmäßige:* Wir spüren mehr oder weniger lustvoll die innere Erregung, und
- eine *gedankliche:* der Impuls enthält eine Vorstellung, mag sie auch noch so schwach ausgeprägt sein, was ich jetzt tun muß, um die Behinderung aufzuheben.

Nun ist folgendes wichtig: Wir Menschen handeln ja nicht automatisch und in vorher festgelegter Weise auf Reize. Äußere Reize, in diesem Fall die wahrgenommene Behinderung durch eine andere Person, lösen zunächst in uns verschiedene Bilder oder Vorstellungen aus, die stets mit mehr oder weniger intensiven Gefühlen verbunden sind. Diese gedankliche und gefühlsmäßige Einheit ist locker, sie kann von uns aufgehoben werden. *Gedanken und Gefühle lassen sich voneinander lösen und trennen.*

Zwei extreme Fälle sind für den Umgang mit Konflikten besonders wichtig: *Verdrängung* und *Wut*. Bei der *Verdrängung* nimmt die Person zwar wahr, daß sie von jemandem behindert wird, aber sie spürt in sich keinen Ärger oder Zorn. Die Tiefenpsychologie kann zeigen, daß die Person in diesem Fall bedrohliche Gefühlsregungen noch vor der Bewußtseinsschwelle von den Vorstellungen abgespaltet und ins Unbewußte „verdrängt" hat. Ein Grund kann sein, daß ihr solche Gefühle zu schmerzhaft sind oder daß sie befürchtet, ihre Erregung könnte sie übermannen und ausfällig werden lassen.

Im anderen Extrem steht eine Person, die auf die Behinderung reagiert wie ein Stier auf ein rotes Tuch: Sie ist sofort aufs äußerste erregt, verliert die Kontrolle, „dreht durch" und handelt im wörtlichen Sinne blind vor *Wut.*

Sowohl Verdrängung wie blinde Wut zeigen höchst eindringlich, *worin eine destruktive Konfliktbewältigung besteht:* Zwei notwendigerweise zusammengehörende Vorgänge, nämlich Denken und Fühlen, werden auseinandergerissen und einer auf Kosten des anderen absolut gesetzt. Die Person sucht „mit Gewalt" eines der beiden Elemente beiseitezuschieben, zu übergehen, nicht zur Geltung kommen zu lassen, es in seiner Wertigkeit und Wirkung auf Null zu reduzieren –vergeblich, wie wir wissen. Aber wenn eine Person in ihrem Innern schon so mit Konflikten umgeht, wie soll sie da in der Lage sein, auf der zwischenmenschlichen Ebene Konflikte konstruktiv anzugehen, wo es erheblich schwieriger ist, *alle* Seiten anzuerkennen?

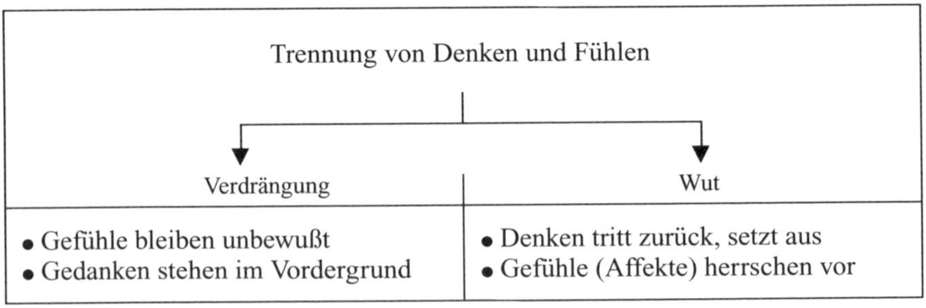

Abb. 18: Die Extreme im Umgang mit Konflikten

Übung 13: Verdrängen oder wüten?

Wie reagieren Sie auf folgende Situationen?

1. Sie glauben, korrekt gefahren zu sein. An der Ampel schreit Sie jedoch ein Autofahrer an, er werde Sie wegen Nötigung anzeigen.
2. Sie sind müde und wollen gerade zu Bett gehen. Da läutet es, und Freunde stehen vor der Tür.
3. Sie haben Ihren Sohn/Ihre Tochter wiederholt aufgefordert, den Tisch abzuräumen. Er/Sie reagiert jedoch nicht.
4. Zwei Kollegen unterbrechen jedesmal das Gespräch, wenn Sie auftauchen.
5. Der Meister ist mit Ihrer Arbeit unzufrieden und kündigt an, den Auftrag nächstes Mal einem Kollegen zu geben.
6. Ein Kollege hat wieder einmal ein Werkzeug/eine Akte, die Sie dringend benötigen, nicht an den richtigen Ort zurückgelegt.

---

(1) Registrieren Sie Ihre ersten Reaktionen.

(2) Wie weit sind Ihnen bestimmte Gefühle bewußt? Wie klar sind Ihre Vorstellungen, was Sie tun möchten?

(3) Welchen Weg sehen Sie, *Gefühle und Gedanken* so auszudrücken, daß eine befriedigende Konfliktbewältigung möglich erscheint?

Wichtig ist, sich darüber klar zu werden, daß *jede* Konfliktsituation gefühlsgeladene Vorstellungen und Handlungsimpulse auslöst. Für die Konfliktbewältigung ist es wenig zuträglich, wenn eine der beiden Komponenten entweder nicht bewußt oder unterdrückt wird.

Nun müssen wir einen Schritt weitergehen. Selbst wenn mir bewußt ist, daß ich dem Autofahrer, der mich so grundlos anschreit, am liebsten eine runterhauen möchte – soll ich diesem Impuls nachgeben?

Das – wenn auch nur kurzfristige – Zögern vor der Realisierung des Handlungsimpulses leitet die eigentliche Konfliktbewältigung ein. Ohne diese, die Handlung aufschiebende Frage „Was soll ich tun?“ kommt keine fruchtbare Konfliktbewältigung zustande. Hier wird überdeutlich, *daß der äußere Konfliktaustrag im Inneren eines jeden einzelnen beginnt.*

Wodurch kommt es aber zu dieser verzögernden Überlegung? Nur dadurch, daß die Person einem *gefühlsbestimmten Impuls* ein ebenfalls *gefühlsbestimmtes Hemmnis* gegenüberstellt. Dem ersten Drang, den anderen anzuschreien, kann ich widerstehen, indem ich mir z. B. möglichst drastisch die

Folgen vor Augen stelle: Passanten werden aufmerksam, ich lasse mich zu unflätigen Beschimpfungen hinreißen, der andere ist mir an Grobheiten überlegen, und ich muß dann klein beigeben usw. Gefühlsgeladene Handlungsimpulse können *nur* durch ebenfalls gefühlsgeladene Überlegungen an der unmittelbaren Verwirklichung gehindert werden.

Diese Auffassung bedarf einer kurzen *Begründung*. Abstrakte und von mir losgelöste Erwägungen besitzen nicht die Kraft, gefühlsgeladene Handlungsimpulse aufzuschieben oder zu schwächen. Wenn ich durch mein Verhalten in keine bedrohliche Situation gerate, sehe ich eigentlich keinen Grund, nicht unverzüglich zurückzuschlagen. Die mehr geahnte als klar bewußte Bedrohung als Folge meines Handelns muß nicht immer sozialer Art sein (Sanktionen der Öffentlichkeit, private Rache), sie kann auch in meinem Inneren liegen (Scham, Schuld). Alle Moralsysteme lösen mit den Hinweisen auf solch bedrohliche Folgen gefühlsgeladene Hemmungen aus. Im Neuen Testament, das eine „frohe“ Botschaft sein will, droht Jesus ganz unverhüllt mit *Höllenstrafen* als Folgen eines schlechten Lebenswandels. Auch der kategorische Imperativ scheint nur auf den ersten Blick Gefühlsmomente auszuklammern. *Kant* selbst verweist sehr wohl auf die Wirkung des *moralischen Gefühls* als entscheidender Triebfeder für das Handeln nach dem moralischen Gesetz: Das moralische Gefühl besteht in der zu erwartenden Demütigung der eigenen Selbstachtung als Folge der Nichtbeachtung des moralischen Gesetzes. Damit soll nicht behauptet werden, daß wir nur aus Angst moralisch handeln würden. Andererseits muß man aber realistisch anerkennen, daß für die meisten Menschen und die Mehrzahl unserer Handlungen die Antizipation bedrohlicher Folgen *tatsächlich* ein wichtiger Beweggrund ist, spontane Impulse aufzuschieben oder zu verwerfen.

Die Leichtigkeit, solche handlungsaufschiebenden Überlegungen dazwischenzuschalten, ist Frucht und Folge der Erziehung. Sie sollte vermitteln, daß zu einer bewußten Lebensführung nicht nur die Kontrolle über das eigene Tun gehört, sondern auch der Wunsch wach wird, im Zusammenleben friedliche Mittel des Konfliktaustrags einzusetzen. *Frieden aber beginnt ganz elementar bei der eigenen Fähigkeit, nicht jeden Zorn und Ärger umgehend am anderen auszulassen.* Wenn dieser *Wunsch* zum Bedürfnis wird, zum *Motiv*, dann kann er auf die Dauer zur *Haltung* werden. Der alte Begriff „*Tugend*“ meint genau dies: sich durch stetes Üben gute Gewohnheiten anzueignen. Friedliches Handeln im Konfliktaustrag kann als moderne Tugend begriffen werden. (s. Arbeitsheft Band 27: Unternehmenskultur und Ethik).

Fahren wir in unseren Überlegungen fort. Wenn die Person den Wunsch verspürt, ihre Erregung zu dämpfen, so kann sie dies auf dreierlei Weise tun (vgl. *Pikas*, 1974, S. 57). Sie kann

– sich selber hindern, den anderen anzugreifen und zu verletzen;
– in sich das Bedürfnis nach Beruhigung wecken;
– Gedanken entwickeln, wie sie diesen Konflikt am besten in den Griff bekommt (vgl. Tabelle auf S. 84).

Der letzte Punkt ist zweifellos der schwierigste. Den anderen dazu zu bewegen, seine Erregung ebenfalls unter Kontrolle zu bekommen und sich auf ein Gespräch einzulassen, scheitert häufig deshalb, weil es uns in spannungsgeladenen Situationen viel leichter fällt, vertraute Verhaltensmuster anzuwenden als neue, ungewohnte, schöpferische Verhaltensweisen zu finden. Vertraut und bekannt sind uns aufeinander abgestimmte Reaktionsweisen: Drohung und Gegendrohung, Schlag und Gegenschlag. Wenn der Ausstieg aus solchen Droh- und Strafgebärden gelingt, unterbricht dies auf erfrischende Weise einen *gewohnten Verhaltenszirkel*, lockert ihn auf und destabilisiert ihn. Weil derartiges Verhalten ungewohnt und unerwartet ist, gar nicht hierher zu passen scheint, verblüfft und verunsichert es den anderen. Indem er noch unschlüssig rätselt, was das bedeuten möge, zeigt er sich, zumindest in diesem Moment, *desorientiert* und *handlungsunfähig* – die zentralen Merkmale eines inneren Konflikts. Der einen Seite ist es also gelungen, die entscheidende Voraussetzung für eine kooperative Konfliktbewältigung zu schaffen: den zwischenmenschlichen Konflikt zunächst einmal ins Innere der Beteiligten zu verlagern. Das Angebot eines Gesprächs wird in vielen Fällen als Hilfe empfunden, die eigene Handlungsfähigkeit wiederzugewinnen, also den inneren Konflikt, der dem Ich näher steht, zuerst zu bewältigen. Natürlich garantiert das Gespräch als solches noch keinen Erfolg, aber es ist immerhin ein Anfang.

Wie aber könnten solche ungewohnten Verhaltensweisen aussehen? Weil sie in jeder Situation neu gefunden werden müssen, gibt es keine Checkliste „überraschender Antworten“ oder dergleichen. Einige anschauliche Beispiele (u. a. *Pikas* 1974, S. 53):

- „Du Scheißkerl, auch in dir steckt etwas Gescheites, laß uns das mal rausholen.“
- „Ihre Wut ist imponierend, wollen Sie mal meine kennenlernen?“
- „Ist das nötig? Kannst du nicht ‚Scheiße‘ sagen wie wir?“ (Papst Johannes XXIII zu einem Arbeiter, der in seiner Gegenwart geflucht hat).

Vielleicht könnte man ganz vorsichtig sagen, daß jene Reaktionen Aussicht auf Erfolg haben, die beim anderen eine *innere Diskrepanz* hervorrufen.

Dazu gehören alle Äußerungen, die ein bestimmtes Verhalten ablehnen und kritisieren, den anderen aber trotzdem (oder vielleicht deshalb!) als Person des Respekts und der Achtung versichern. Da persönliche Annahme, Wert-

Kontrolle der Erregung durch							
Verhinderung des eigenen Angriffs		Ablenkung		Beobachtung		Einladung zum Gespräch	
Direkte Kontrolle der Erregung	Veränderung der Wahrnehmung	Positive Gedanken	Negative Gedanken	Selbstbeobachtung	Fremdbeobachtung	Konstruktive Gedanken	Einladung zum Gespräch
Abfuhr Ich reagiere meine Erregung nach außen ab (schmeiße Teller auf den Boden) *Abblocken* Ich nutze die Erregung als „Handbremse“ und „blockiere“ mich	*Ausblenden* Ich übersehe negative Informationen (ist ja doch nicht so schlimm) *Akzenturieren* Ich überbetone positive Informationen	*Abschweifen* Ich denke an eine Situation, die mir jetzt viel mehr Spaß machen würde	*Entlastung* Ich male mir aus, daß alles noch viel schlimmer hätte kommen können	*Introspektion* Ich richte meine Aufmerksamkeit auf innere Signale (Pulsschlag? Zittern? Druck in der Magengegend?)	*Wahrnehmung* Ich sehe mir den anderen genauer an (Wie schreit er? Welche Mimik, welches Gehabe zeigt er?)	*Problemlösung* Ich denke daran, wie ich jetzt den Konflikt am besten in den Griff bekommen kann	*Zielgerichtete Aktion* Ich will den anderen gewinnen, gemeinsam mit mir den Konflikt zu lösen
	Vorsicht Gefahr der Realitätsverzerrung – der erste Schritt zur Verdrängung!	*Vorsicht* Ich kann mich zwar beruhigen, lenke aber vom Konflikt ab, er bleibt weiter bestehen		*Vorsicht* Ist nur nützlich, wenn dadurch die Voraussetzung zum letzten Schritt, der Einladung zur gemeinsamen Bewältigung, vorbereitet wird			

schätzung, ja Sympathie positiv empfunden werden, steht der Empfänger einer solchen Botschaft im Zwiespalt (Konflikt), ob er diese seiner ganzen Person geltende Wertschätzung um einer Äußerlichkeit willen zurückweisen und aufs Spiel setzen soll. Ohne diese innere Dissonanz droht ein zwischenmenschlicher Konflikt leicht zu eskalieren.

An dieser Stelle ist ein Wort über den *Humor* angebracht. Kann man Humor einüben? Nein, wenn man darunter eine *witzige Lebenstechnik* versteht, um eleganter aus Konfliktsituationen herauszukommen, ja, wenn man ihn als *Lebenshaltung* begreift.

Im Humor mischen sich Ernst und Heiterkeit: Ernst, weil wir wissen, daß unser Leben und unsere Taten einmalig und unwiderruflich sind; Heiterkeit, weil wir erkennen, daß trotz allem Leid und Bösen in der Welt das *Positive* sich nicht unterkriegen läßt. Nicht Tod und Vernichtung sind das letzte Wort. Humor ist weder spöttisch noch ironisch noch zynisch noch sarkastisch. Humor kann aus einer Lebenshaltung heraus erwachsen, die im Wissen um die eigene und fremde Unzulänglichkeit zwar den Menschen als Person *ernst*, nicht aber alles, was er denkt und tut, *tragisch* nimmt. Gerade deshalb kann ein Mensch mit Humor großzügig darauf verzichten, das Verhalten und die Meinungen eines anderen auf die Goldwaage zu legen, um ihn als Person für zu leicht zu befinden.

Verhaltensweisen und Bemerkungen, die die *Eskalation* eines Konflikts unterbinden, zählen zu den hervorragenden schöpferischen Leistungen. Es gehört *Phantasie* und *Selbstbewußtsein* dazu, in vertrackten und gereizten Situationen ein versöhnliches Wort, eine spielerische Geste, eine entwaffnende Bemerkung zu finden. Hier eröffnet sich kreativen Einfällen ein weites Feld.

Übung 14: Kreativität im Konflikt

Nehmen Sie sich einen Konflikt aus Ihrer Arbeitsumwelt oder Familie vor, der sich jüngst durch heftige Äußerungen aller Beteiligten hochgeschaukelt hat.

1. Machen Sie ein *Brainstorming* schöpferischer Einfälle! Lassen Sie sich (allein oder mit anderen) einfallen, was alles an Reaktionen der Beteiligten möglich gewesen wäre.

   NB.: Bewerten Sie die Einfälle nicht sofort danach, ob sie zu einer kooperativen Konfliktbewältigung beitragen könnten, sondern erweitern Sie einfach das Spektrum möglicher Verhaltensweisen in Konfliktsituationen.

2. Fassen Sie die möglichen Reaktionen in *Gruppen* zusammen! Zu welcher Gruppierung kommen die meisten Einfälle, zu welcher gar keine? Wie steht es mit einladenden Gesten? Ruhigen Bitten? Offenen Fragen? Nachdrücklich versichertem Wohlwollen? Schweigen?. . .

B. Vertrauen herstellen

Nach der ersten Phase, in der eine Konfliktpartei ihre Bemühungen auf sich selber richtet, kommt nun in der zweiten Phase die Beziehung in den Blick. Um die Gegenseite zu einer offenen Konfliktbewältigung einzuladen, ist Vertrauen unerläßlich. Was ist Vertrauen?

Nach *Deutsch* (1976) sind vier Merkmale für eine Vertrauenssituation charakteristisch.

(1) Jemandem vertrauen kann *gute, aber auch schlimme Auswirkungen* haben. Vertrauen heißt, ein Risiko eingehen.
(2) Wer vertraut, *liefert sich aus:* Die Folgen hängen allein von der Person ab, der vertraut wird.
(3) Die *Folgen enttäuschten Vertrauens* sind schlimmer als der mögliche Gewinn erfüllten Vertrauens.
(4) Trotzdem entscheidet sich eine Person, einer anderen zu vertrauen. Sie ist *zuversichtlich*, daß Ihr Vertrauen nicht mißbraucht wird.

Beispiel:

Ein Vorgesetzter übergibt einem Mitarbeiter einen wichtigen Auftrag, von dessen richtiger und pünktlicher Erledigung sehr viel für die Firma abhängt.

Dies ist eine Vertrauensentscheidung, denn der Vorgesetzte

- geht ein Risiko ein: Er könnte vom Mitarbeiter enttäuscht werden.
- liefert sich dem Mitarbeiter aus: Von dessen Arbeit hängt alles ab.
- nimmt mögliche negative Konsequenzen in Kauf: Wenn ihn der Mitarbeiter im Stich läßt, wird er selbst von seinem Vorgesetzten zur Rechenschaft gezogen.
- ist zuversichtlich: Er hofft, daß ihn der Mitarbeiter nicht enttäuscht.

Vertrauen beinhaltet eine absichtliche und das *Risiko* bewußt einkalkulierende Entscheidung. Demgegenüber ist *Mißtrauen* eine fast reflexartige Reaktion auf bedrohliche Situationen. Mißtrauen gleicht einer Art Selbstschutz: Die Person „macht dicht“, will sich keine „Blöße“ geben, „verbarrikadiert“ sich hinter einer undurchdringlichen „Fassade“. Die dem Kriegshandwerk entstammenden Formulierungen machen deutlich, was Mißtrauen bezweckt: Es will für einen „ *Abwehrkampf*“ rüsten.

Um Vertrauen – zumal in einer gespannten Konfliktsituation – aufzubauen, ist daher das schiere Gegenteil erforderlich. Die Person muß es wagen, sich *verletzbar* zu zeigen, auf den Einsatz von Waffen zu verzichten, Angst und Zweifel angesichts des Gegners nicht übermächtig werden zu lassen. Vertrauen auf der zwischenmenschlichen Ebene setzt ein hohes Maß persönlichen *Selbstbewußtseins* voraus. Nur wer offen seine Fehler und Schwächen eingestanden, Selbstzweifel und innere Ängste überwunden hat, kann den Mut und Optimismus aufbringen, einem Gegner mit offenem Visier gegenüberzutreten. Aber auch das Umgekehrte gilt: Wer Vertrauen in zwischenmenschlichen Beziehungen erfahren hat, tut sich leichter, sich selbst gegenüber offen und aufrichtig zu sein.

Diese inneren Voraussetzungen erleichtern den Entschluß zu vertrauen. In der Konfliktbewältigung muß sich aber Vertrauen darüber hinaus in spezifischem vertrauensbildendem Verhalten äußern. Dazu eignen sich besonders zwei Arten von Verhaltensweisen. Vertrauen wird initiiert, indem eine Person

– *sich persönlich riskiert:* Sie äußert ihre Betroffenheit, ihre Hoffnungen und Befürchtungen angesichts des Konflikts, legt offen, was für sie auf dem Spiel steht.
– *schonend reagiert:* Sie unterläßt alles, was den anderen provozieren oder verletzen könnte, obwohl sie dazu in der Lage wäre. Sie nutzt Blößen, die der Gegner zeigt, nicht zu ihrem Vorteil aus.

Selbstoffenbarung und *Schonung* sind die wichtigsten Elemente beim Aufbau von Vertrauen.

Beispiel:

Selbstoffenbarung

Ein Kollege sagt zum anderen: „Ich ärgere mich, wenn Sie zu spät kommen. Ich fürchte, das belastet auf Dauer unser Arbeitsverhältnis: Das möchte ich nicht." Mit dieser Äußerung

– macht er sich verletzbar: Er spricht von einem Gefühl, das der andere zurückweisen oder lächerlich machen kann. „Wenn Sie sich ärgern, ist das Ihre Sache." „Legen Sie sich ein dickeres Fell zu." „Sehen Sie zu, daß Sie keine Magengeschwüre kriegen."
– moniert er ein bestimmtes Verhalten, das ihn stört, läßt aber die Person unangetastet, ja betont noch, daß er die Beziehung zu ihr schätzt und aufrechterhalten will.
– kündigt er offen die möglichen Folgen an, die eintreten könnten, wenn es zu keiner gemeinsamen Lösung kommt. Dies kann als Drohung mißverstanden werden, ist aber als Aufforderung zu verstehen, sich angesichts verschiedener Möglichkeiten bewußt für eine zu entscheiden.
– geht er ein Risiko ein: Er erklärt offen, daß ihm an der Beziehung etwas liegt. Der andere könnte schnippisch erklären, daß sie für ihn unerheblich ist.

Beispiel:

Schonung

Ein Vorgesetzter schreit einen Mitarbeiter an. Der Mitarbeiter: „Ihre Beschimpfungen verletzen mich. Was erhoffen Sie sich davon?" Mit dieser Äußerung

- gibt er offen zu, verletzbar zu sein.
- moniert er ein bestimmtes Verhalten, das ihn stört, ohne gleichzeitig die Person anzugreifen. „Sie sind ein Wüterich." „Sie können sich nicht beherrschen."
- regt er die Gegenseite an, über die Folgen nachzudenken. Ihr soll bewußt werden, daß positive Ziele positive Mittel erfordern.
- geht er ein Risiko ein: Der Vorgesetzte könnte ihn als Schwächling betrachten.

In beiden Fällen hat eine Konfliktpartei ihr möglichstes getan, um eine Vertrauensgrundlage zu schaffen, auf der sich eine kooperative Konfliktbewältigung aufbauen kann.

Spiel 1 (Anhang) kann verdeutlichen, welche vielfältigen Prozesse des Wahrnehmens und Denkens, Fühlens und Verhaltens eine einfache Vertrauensentscheidung hervorruft.

C. Offen kommunizieren

Die sich abzeichnende Vertrauensbeziehung gilt es zu festigen, noch bevor sich die Konfliktparteien der sachlichen Klärung des Streitpunktes (Phase D) zuwenden. Dafür sprechen zwei Gründe.

(1) Streitpunkte sind häufig ohne Kenntnis der Beziehung zwischen den Konfliktparteien nicht recht zu verstehen. Sog. „sachliche" Differenzen – Beurteilungen von Sachverhalten, Bewertungen von Entscheidungen, Verteilung knapper Ressourcen – stehen ja nicht isoliert da, sondern treten zwischen bestimmten Personen auf. „Sache" und „Beziehung" stehen in einem Wechselverhältnis, das häufig die Form von „Figur" und „Grund" annimmt. In einem Bild ausgedrückt:
   - „über dem Tisch" wird die Sache verhandelt,
   - „unter dem Tisch" läuft derweil ein Machtkampf ab, in dem Rivalität und Neid, Minderwertigkeit und Überlegenheit eine viel nachdrücklichere Rolle spielen als logische Argumente.

   Heftige Reaktionen auf dem Tisch lassen sich nur verstehen, wenn man die Lage unter dem Tisch mitbedenkt.

(2) Nach einer ungeschriebenen Regel unserer Arbeitswelt gelten stark gefühlsbetonte Reaktionen als unangemessen, sie sind verpönt. Rationali-

tät beherrscht nicht nur Arbeitsaufteilung und Auftragserledigung, sie soll auch das Verhalten der Menschen am Arbeitsplatz leiten. Weil Organisationsmitglieder in der Tat kaum Gelegenheit haben, die emotionale, obwohl fundamentale Seite eines Konflikts mit gleicher Berechtigung wie die sachliche anzusprechen und auszutragen, hat sich nach der Beobachtung vieler Sozialwissenschaftler in Organisationen ein Kommunikationsmuster ausgebildet, das *verschlossen und defensiv* geprägt ist. Ihm sei ein *offenes und akzeptierendes* gegenübergestellt.

Kommunikationsmuster	
Verschlossen	Offen
bewerten: loben, kritisieren, vergleichen	*beschreiben:* über beobachtetes Verhalten informieren, den anderen ersuchen, seine Beobachtungen mitzuteilen
kontrollieren: Verhalten und Einstellungen des anderen zu ändern suchen, dazu Drohung und Zwang einsetzen	*problemorientiert:* eine gemeinsame kooperative Lösung wünschen und zur Suche danach einladen
strategisch: den anderen manipulieren, die eigenen Ziele nicht preisgeben, taktieren	*spontan:* offen und täuschungsfrei die eigenen Motive und Absichten mitteilen
neutral: den anderen als Objekt betrachten, ihn als Mittel für die eigenen Ziele einspannen	*einfühlend:* die Persönlichkeit des anderen verstehen und respektieren, seine Förderung als Ziel in sich begreifen
überlegen: Macht, Position, Wissen ausspielen, dadurch seine Vorstellungen durchsetzen	*partnerschaftlich:* auf gleichberechtigter Basis zu gemeinsamem Planen und Handeln bereit sein
sicher: weiß schon die Antwort, Neuem gegenüber wenig aufgeschlossen	*vorläufig:* bereit zu experimentieren, sich vorschneller Urteile enthalten

Der Dialog belegt die Notwendigkeit, auch bei Konflikten in der Arbeitswelt *zunächst* die Umstände zu sondieren und Aspekte zu klären, die für die Beziehung zwischen den Konfliktparteien wesentlich sind, *bevor* an die Klärung der Sachlage gegangen wird.

Für die Phase offener Kommunikation sollen besonders folgende Punkte beachtet werden:
- Situation
- Wahrnehmungen
- Gefühle
- Einstellungen

Übung 15: Verschlossene und offene Kommunikation

Vor geraumer Zeit hat ein junger Mitarbeiter (M) seinem Chef (V) einen Organisationsplan eingereicht. Er hat seitdem nichts mehr davon gehört. Eines Tages spricht er seinen Chef an.

M Vor einigen Wochen habe ich Ihnen doch einen neuen Organisationsplan vorgeschlagen. Haben Sie sich den überhaupt schon einmal angesehen?

V Natürlich, ich nehme alles zur Kenntnis, was Sie so von sich geben. Sie haben ja einen sagenhaften Durchblick: erst 1/2 Jahr hier, und schon wissen Sie, wie alles anders zu machen wäre. Hier haben wohl die ganze Zeit nur Dummköpfe gearbeitet?

M Man könnte es meinen, wenn man sieht, wie umständlich gearbeitet wird und wie leicht das anders zu machen wäre. Ehrlich gesagt: wenn jemand sich nur ein bißchen Mühe macht nachzudenken, kommt er ganz von alleine darauf.

V Sie meinen wohl, das Ei des Kolumbus gefunden zu haben?

M Nein, nicht gefunden, sondern nur nachgestellt.

V Wollen Sie im Ernst behaupten, die Vorschläge stammen von Ihnen? Die haben Sie doch irgendwo abgeschrieben!

M Wie kommen Sie darauf? Erstens habe ich das nicht nötig, zweitens ändert das überhaupt nichts an der Tatsache, daß eine Umorganisation hier erforderlich ist. Daß Sie auf meine Vorschläge bisher nicht und nun so unqualifiziert reagieren, zeigt, wie recht ich habe.

V Sie meinen wohl, Sie könnten hier nach kurzer Zeit schon den Ton angeben! Wir sind 10 Jahre mit der bisherigen Organisationsform gut gefahren, das kann Ihnen jeder bestätigen. Ich sehe deshalb überhaupt keinen Grund, auf Ihre Vorschläge einzugehen. Vor allem paßt mir der Ton nicht, in dem Sie mit mir reden. Ich ersuche Sie, sich in Zukunft ausschließlich auf Ihre Arbeit zu konzentrieren. Bitte!

1. Identifizieren Sie anhand dieses Gesprächs die Merkmale offener und verschlossener Kommunikation.
2. Probieren Sie in einem Rollenspiel aus, wie der gleiche Sachverhalt in offener Kommunikation hätte besprochen werden können.

Situation

Hier sind drei Fragen wichtig.

(1) *Ist der Ort für die Konfliktbewältigung günstig?*

- Wenn ein Konflikt *unvermittelt entstanden* ist (an der Werkbank, im Büro, in der Kantine), soll eine Partei rasch erwägen, ob es sinnvoll ist, den Konflikt *hier* und *jetzt* auszutragen. Wenn Zuschauer oder Zuhörer anwesend sind oder jederzeit dazukommen können (wie in einer Kantine oder auf dem Gang), sollte eine Seite die Bereitschaft äußern, diesen Konflikt zu klären, aber gleichzeitig darum bitten, sich anderswo darüber zu unterhalten.
- Wenn ein Konflikt schon *seit längerem besteht* und eine Seite ihn kooperativ bewältigen möchte, ist es angebracht, die andere informell (z. B. telefonisch) um ein Gespräch zu bitten. Darin können die eigenen Beweggründe kurz dargelegt und das Interesse an einer gemeinsamen Klärung mitgeteilt werden. Zu vermeiden sind alle Arten von Überrumpelung oder schriftliche Aufforderungen zu einem Gespräch.

(2) *Steht ausreichend Zeit zur Verfügung?*

Zeitdruck kann zu hektischen Aktionen führen, andererseits gilt: Niemand hat unbegrenzt Zeit. Sich für eine Aussprache Zeit *zu nehmen und sie zugleich zu begrenzen* signalisiert:

- Der Konflikt ist wichtig, und er muß bewältigt werden.
- Es geht allein darum, wieder gemeinsam handlungs- und arbeitsfähig zu werden, nicht aber die „eigentliche Wahrheit“ herauszufinden (was nicht einmal in endlosen Debatten gelingt).

(3) *Sollte eine dritte Partei hinzugezogen werden?*

Falls dies eine Seite erwägt, sollte sie es auf jeden Fall der anderen mitteilen und sie um ihr Einverständnis bitten. Deplaziert wäre es, ohne vorherige Ankündigung diese dritte Partei gleich mitzunehmen. Entscheidend ist, *wer* die dritte Partei ist:

- Der *Vorgesetzte:* Mit dessen Einbezug wird der Konflikt offiziell, gleichsam amtlich.

  Vorteil: Der Konflikt bleibt auf den Betrieb und die hier geltenden Spielregeln beschränkt.

  Nachteil: Der Vorgesetzte könnte versucht sein, kurzen Prozeß zu machen und ein Machtwort zu sprechen (ohne daß die Kollegen ihren Konflikt wirklich bewältigen konnten).

- Ein *Kollege:* Er könnte als Verbündeter empfunden werden.
  Folge: Der Konflikt wird sich ausweiten.
- Ein neutraler *Berater* (etwa aus der Personalabteilung):
  Er scheint noch am ehesten die Gewähr zu bieten, daß er wirklich vermittelt und die beiden zur kooperativen Konfliktbewältigung anleitet.

Eine dritte Partei heranzuziehen, empfiehlt sich überall da, wo eine Seite

- sich hoffnungslos unterlegen fühlt,
- nicht weiß, wie sie den Konflikt anpacken soll,
- von sehr starken Gefühlen (Angst oder Wut) beherrscht wird.

Wahrnehmungen

Oben (5.2) wurde dargelegt, welche Rolle Wahrnehmungen bei der Entstehung von Konflikten spielen. Deshalb ist es wichtig herauszufinden, wie jede Seite den Konflikt sieht und auf welche Wahrnehmungen sie sich beruft. Beobachtbare Ereignisse und nachprüfbare Fakten erleichtern, Andeutungen und diffuse Vermutungen erschweren eine Klarstellung.

Beispiel negativ:

„Ich habe das Gefühl, Sie mißtrauen mir.“ Mit einer solchen Feststellung kann ein Gesprächspartner wenig anfangen, da er nicht weiß, was dieses Gefühl ausgelöst hat.

Beispiel positiv:

„Sie haben mir gestern einen Auftrag entzogen. Ich habe das Gefühl, Sie trauen mir nichts Rechtes zu.“ Hier kann der Gesprächspartner seine Beweggründe darlegen.

Erst wenn klar ist, daß beide Seiten sich auf das gleiche Ereignis beziehen, kann daran gegangen werden, unterschiedliche Sichtweisen und Standpunkte auszuloten. Wichtig ist, sich zu vergewissern, welche *konkreten* Ereignisse für den Konflikt verantwortlich gemacht werden.

Gefühle

Während Wahrnehmungen möglichst in der Außenwelt fundiert sein sollen, gegebenenfalls korrigiert werden können, sind Gefühle zunächst als persönliche Reaktionsweisen hinzunehmen. Entscheidend ist nicht, *welche* Gefühle eine Person hat, sondern daß sie sich dieser Gefühle *bewußt* ist und sie *angemessen* zum Ausdruck bringt.

Beispiel negativ:

„Das hat es noch nie gegeben, daß ein Auftrag einem Mitarbeiter entzogen wurde."

Der Sprecher weiß entweder nicht, welche Gefühle ihn bewegen, oder er kann bzw. will sie nicht aussprechen. Die Gefühle hinter einer solchen Aussage können denkbar verschieden sein: Ärger, Empörung, Demütigung, Angst, Unsicherheit, Resignation ... Der Mitarbeiter hat es vorgezogen, seine Gefühle nicht offen, sondern indirekt auszudrücken.

Indirekt werden Gefühle ausgedrückt entweder als

- *Vorwürfe* und *Beschuldigungen*: „Sie nehmen auf mich überhaupt keine Rücksicht!" „Nicht mal ruhig Brotzeit kann man machen!" „Mit Ihnen kann man nicht einmal ein vernünftiges Wort reden!" oder als
- *Aktionen:* Werkzeuge verstecken, den Arbeitsplatz eines Kollegen unaufgeräumt zurücklassen, Informationen zurückhalten, Unterlagen verschlampen, Krach schlagen usw.

Direkt werden Gefühle ausgedrückt, wenn eine Person unmittelbar ausspricht, was sie bewegt. Gefühle sind meist Reaktionen auf innere oder äußere Ereignisse. Besonders in Konfliktsituationen ist es daher wichtig, auch den Anlaß anzugeben, der dieses Gefühl hervorgerufen hat.

Von Nutzen ist es auch, die bei einem Menschen vorherrschende Gefühlsausrichtung anderen gegenüber (s. Kap. 5.2) zu kennen oder zu erfahren. Diese bestimmt nämlich in gewisser Weise die Gefühle, mit denen eine Person auf konfliktauslösende Ereignisse reagiert.

Die Einsicht, daß Menschen auf störende Ereignisse verschieden reagieren, erweitert die Toleranzspanne gegenüber ungewohnten oder provozierenden Gefühlsäußerungen.

Beispiel:

Menschen mit der Ausrichtung „Hinwendung" fürchten Aggressionen, weil sie in ihnen eine drohende Zerstörung der eigenen Person oder ihrer Beziehung sehen. Wenn sie um diese Zusammenhänge wissen, können sie prüfen, ob die aggressiven Äußerungen der Gegenseite tatsächlich ihre Person treffen wollen oder ob sie nicht vielleicht typische Reaktionsmuster ihres Gegenübers sind (vgl. Schema auf S. 94).

Wenn vorherrscht			
	Hinwendung	Abwendung	Gegenwendung
dann fällt es leichter	Gefühle auszusprechen, v. a. Angst, Bedrücktsein, Schmerz, sich überfordert fühlen; sich schuldig zu bekennen, abgelehnt zu werden, versöhnlich zu sein, Freude zu empfinden	Gefühle zu verleugnen und nach außen Distanz, Kälte, Ablehnung, Mißtrauen, Ironie, Taktlosigkeit zu zeigen	Gefühle in Handlungen auszuleben: Aggressionen gegen andere zu zeigen, ausfällig zu werden, zu schimpfen, Haß, Rücksichtslosigkeit und Wut herauszulassen
dann fällt es schwerer	Gefühle zu unterdrücken bzw. negative Gefühle zu zeigen, v. a. Wut, Ärger, Enttäuschung, Zurückweisung, Ablehnung	positive Gefühle zu äußern und intensive Gefühlsäußerungen anderer zu ertragen, v. a. Angst, Sorge, Wunsch nach Kontakt	positive wie negative Gefühle differenziert zu äußern, v. a. Furcht, Unsicherheit, Schuld, Versöhnlichkeit

Für die Konfliktbewältigung gibt es keine eindeutig förderlichen oder hinderlichen Gefühle. Aggressivität verschafft keineswegs immer Vorteile, Angst programmiert keineswegs immer das Verlieren. *Jedes Gefühl gehört zunächst und unmittelbar zur Person, nicht zum Konflikt.* Nicht die Art oder die Intensität eines Gefühls entscheidet über den Konflikt, sondern inwieweit eine Person sich ihrer Gefühle bewußt ist und sie offen einsetzt. Damit verleiht sie ihrem Handeln Transparenz und vereitelt Täuschungsmanöver.

Einstellungen

Für die Konfliktbewältigung ist es ausschlaggebend, ob Konfliktparteien eine kooperative oder konkurrierende Einstellung besitzen. *Deutsch* (1976) konnte zeigen, daß eine kooperative Konfliktbewältigung in einem konkurrierenden Klima so gut wie aussichtslos erscheint. Zudem passiert es häufig, daß kooperativ eingestellte Personen sich durch die konkurrierende Einstellung der anderen Seite anstecken lassen und selbst zu konkurrieren anfangen, einfach deshalb, um nicht „untergebuttert" zu werden.

Dies legt die Schlußfolgerung nahe, daß es zu einer kooperativen Konfliktbewältigung mindestens auf einer Seite einer *entschlossenen und willentli-*

chen Haltung bedarf, sich nicht auf den ersten Blick und durch das anfängliche Verhalten der anderen selbst zum Konkurrieren hinreißen zu lassen. Kooperativ ist diese Grundeinstellung aber erst dann zu nennen, wenn die Person *bewußt Enttäuschungen der anderen Seite einkalkuliert*, diese aber nicht zum Anlaß nimmt, um selber von ihrer Haltung abzuweichen. Es gibt sicherlich Situationen, wo eine kooperative Konfliktbewältigung nicht möglich ist. Aber vielleicht gibt es weit mehr Situationen, wo sie zustande kommen könnte, wenn wenigstens eine Seite die Entschiedenheit aufbrächte, sich durch das auftrumpfende und dominante Verhalten der anderen nicht gleich ins Bockshorn jagen zu lassen. Sollte aber trotz wiederholter Versuche, zu einer *kooperativen Konfliktbewältigung* zu gelangen, die andere Seite bei ihrer entschieden konkurrierenden Einstellung bleiben, so ist der Person zu raten, realistischerweise auf andere Konfliktstile auszuweichen.

Wie aber kann eine Person die andere dazu bringen, eine kooperative Einstellung zu übernehmen? Zu beachten ist, daß hier die Umwelt eine entscheidende Rolle spielt: Wenn in einem Betrieb ein hartes Konkurrenzdenken als ideal gilt, fällt es einem einzelnen schwer, sich diesen Erwartungen zu entziehen. Mehr als Anregungen können hier nicht gegeben werden.

- Den anderen auf die *Vorteile eines kooperativen* und die *Nachteile eines konkurrierenden Konfliktaustrags* aufmerksam machen.

  Vorteile: einvernehmliche Regelung und verläßliche Beziehung.

  Nachteile: kurzfristig ein Sieg der einen Seite, den aber die andere bei nächstbester Gelegenheit auszugleichen suchen wird, außerdem eine gespannte, ja gestörte Beziehung.

- An das *Selbstbild* und die *Selbstachtung* des anderen appellieren. Formen *demokratischen* Miteinanderumgehens setzen die Legitimität der vertretenen Positionen voraus. Es ist daher ein Zeichen und Probierstein demokratischer Mündigkeit, sich in Konflikten um eine gemeinsame Lösung zu bemühen.

- Das Konfliktthema *durch „Entpersönlichen" entschärfen* . Dazu können Konfliktparteien beitragen, wenn sie

  - nach den *Folgen* unterschiedlicher Bewertungen, Beurteilungen und Verteilungsmodalitäten fragen, die sich relativ personenunabhängig feststellen lassen und/oder
  - die *Rollenzwänge* betonen, in denen sie stecken.

  Damit kann es gelingen, persönlichen Animositäten zuvorzukommen und individuelle Spielräume auszuloten.

- Die andere Seite nachdrücklich und aufrichtig darauf aufmerksam machen, daß sie für eine befriedigende Lösung *unentbehrlich* ist. Dies mag ihr die beruhigende Sicherheit geben, daß sie tatsächlich ernst genommen wird.

Alle Argumente zielen formal darauf ab, im Adressaten eine *Dissonanz* zu stiften zwischen seinen Ansprüchen (demokratisch sein wollen), Nutzenserwägungen (Vorteile haben wollen), Wünschen (nicht zu persönlich involviert sein, für die Lösung unentbehrlich sein) einerseits und seiner faktischen Einstellung (auf konkurrierendes Verhalten setzen) andererseits. Die Bereitschaft zu einer kooperativen Konfliktbewältigung hängt entscheidend davon ab, daß eine Partei den *zwischenmenschlichen Konflikt auch als inneren empfindet*. Kommunikation, die das bewerkstelligt, hat auch die Chance, eine kooperative Einstellung beim Empfänger hervorzurufen.

Übung 16: Wie eröffne ich ein Konfliktgespräch?

Finden Sie (am besten in der Gruppe) Formulierungen, mit denen Sie in den folgenden Situationen ein Gespräch eröffnen können, das zu einer kooperativen Konfliktbewältigung einlädt.

1. Ein Kollege läßt ständig die Tür offen. Sie haben ihm schon häufig gesagt, daß Ihnen das unangenehm ist, weil es „zieht". Gerade eben läßt er die Tür wieder offen stehen.
2. Ihr Vorgesetzter hatte Ihnen versprochen, sich für Sie wegen einer Beförderung einzusetzen. Heute haben Sie zuverlässig erfahren, daß er überhaupt nichts unternommen hat. Den Posten hat ein anderer bekommen.
3. Sie haben einem Mitarbeiter einen Auftrag gegeben mit der dringenden Bitte, ihn pünktlich bis zum Wochenende zu erledigen. Obwohl die Sache außerordentlich wichtig ist, sehen Sie am Freitagnachmittag, daß der Mitarbeiter nicht rechtzeitig fertig wird.
4. Sie beobachten schon seit längerem, daß eine Kollegin sich offenbar mit dem Chef sehr gut versteht. Sie sehen sie häufig beisammen und sich leise unterhalten. Als Sie heute dazukommen, hören beide auf zu reden. Die Kollegin geht mit Ihnen in Ihr gemeinsames Büro zurück.
5. Ihre Abteilung bezieht neue Räume. Sie fühlen sich bei der Zuteilung Ihres Raumes und Arbeitsplatzes gegenüber den anderen Kollegen benachteiligt.

D. Problem lösen

Bisher haben wir fast ausschließlich die Vorbereitungen besprochen, die das Terrain ebnen, damit eine vernünftige Problemlösung angestrebt werden kann. Wenn die ersten Phasen gelungen sind, beide also einwilligen, den Konflikt kooperativ zu bewältigen, dann sind folgende weiteren Schritte nötig:

- die Definition des Problems
- die Suche nach einer Lösung
- die Entscheidung bzw. Übereinkunft.

Problemdefinition

So selbstverständlich es auf den ersten Blick erscheinen mag, zuerst ein Problem zu definieren, bevor man an die Lösung geht, so schwer ist es, im Konflikt so rational vorzugehen. Denn ein Konflikt zeichnet sich ja dadurch aus, daß *immer* auch persönliche Elemente mehr oder minder stark in ihm enthalten sind. Daraus folgt zweierlei:

a) In der Definition eines Problems sind stillschweigend schon Lösungsansätze enthalten:

Beispiel:

Wenn das Problem heißt:	Dann heißt die Lösung:
Abteilungsleiter Mayer sperrt sich gegen Neuerungen	Abteilungsleiter Mayer muß sich ändern.
Abteilung Mayer sperrt sich gegen Neuerungen.	Abteilung Mayer muß neu organisiert werden.

b) Problemdefinitionen können sich *verschieben*. Bekannt ist, daß bei intensiver Befassung mit einem Problem dessen persönliche Seite immer stärker hervortritt. Wenn eine Gruppe in einer Klausurtagung ihre Arbeitsprobleme angeht, ist folgende Abfolge von Problemdefinitionen nicht untypisch:

(1) Wir haben keine Zeit für Besprechungen.
(2) Manche Themen sind bei uns tabu.
(3) Der Chef kehrt alles unter den Teppich.

Die Gruppe schiebt das Problem auf der Ebene „sachlich – persönlich" hin und her. Kein Wunder, daß sie zu keiner Lösung gelangt. Voraussetzung dafür ist die Einsicht, daß jedes Problem *sowohl* einen sachlichen *als auch* einen persönlichen Aspekt hat.

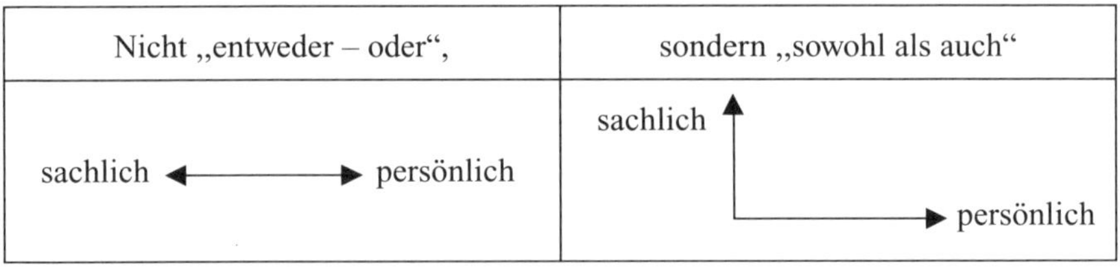

Abb. 19: Problemdimensionen

Damit verändert sich die Problemdefinition. Es geht nicht mehr darum herauszufinden, wer genau das Problem hat, sondern es in seinen Vielschichtigkeiten angemessen zu erfassen und zu beschreiben. Folgende Punkte können eine Problemdefinition erleichtern.

- Das vordringliche Problem besteht darin, daß der Konflikt diese Beziehung oder eine Person in ihr *lähmt*. Das Problem der Lähmung oder Handlungsunfähigkeit muß präzise beschrieben werden: Wie äußert sie sich, welche Wirkung hat sie? Die möglichst *verhaltensnahe Beschreibung* erleichtert Einigungen. Wird dagegen über Einstellungen und Motive spekuliert, ist eine Einigung viel schwieriger.
- Unterschiedliche Werte oder Präferenzen jeder Seite sind *nicht* das Problem und machen auch nicht den Konflikt aus, sondern auf welche Weise sie im *konkreten Fall* hindern oder stören.
- Das Problem liegt auch nicht darin, daß eine Seite mangelnde Bereitwilligkeit oder fehlenden guten Willen zeigt. Vielmehr ist es ein Problem, das durchaus begreifliche Eigeninteresse jeder Seite so in eine Lösung einzubinden, daß gemeinsames Handeln wieder möglich wird.

Suche nach einer Lösung

Lösungen ergeben sich selten von alleine. Sie müssen, häufig mühsam, erst gefunden werden. Die dafür angemessene Haltung kann als *unnachgiebige Flexibilität (Pruitt)* bezeichnet werden („suaviter in modo, fortiter in re“):

- *unnachgiebig im Anspruch*, eine gemeinsame, beiderseitig befriedigende Lösung zu finden,
- *flexibel im Suchverhalten*, verschiedene Wege zu erproben, unterschiedliche Mittel zu prüfen und sich nicht auf nur einen Weg oder eine Methode zu versteifen.

Eine Lösung läßt sich eher finden, wenn

- die ersten Einfälle nicht sogleich als die besten betrachtet werden. Kreative Lösungen erfordern eine Weile angestrengten Nachdenkens. Diese „Durststrecke“ ist bewußt einzukalkulieren;

- man die Meinungen und Vorstellungen anderer Personen einholt, d. h. um Rat nachsucht;
- klar ist, daß es um die Beseitigung von Behinderungen geht, nicht um die Bekehrung und Umerziehung der anderen Person;
- eine Seite bewußt den Vorschlag macht, an dieser Stelle eine Brainstorming-Phase einzuschalten.

Entscheidung

Die Entscheidung für eine Lösung fällt leichter, wenn sie beiden Seiten entgegenkommt. Dies ist dann der Fall, wenn

- jede Seite ihre Absichten oder Vorstellungen wenigstens teilweise verwirklichen kann oder
- mindestens eine Seite ihre Befürchtungen als gegenstandslos erkennt.

Die Lösungsvorschläge können sich beziehen auf

(1) die Vorstellungen und Wünsche einer Seite,
(2) neue Lösungen,
(3) wechselseitige Konzessionen.

(1) *Vorstellungen und Wünsche einer Seite*

Eine Konfliktpartei wird sich leichter herbeilassen, auf die Vorschläge der anderen einzugehen, wenn

- sie dafür *Kompensationen* erhält. Diese können sein
  - spezielle Kompensationen: Zwei Mitarbeiter haben sich um einen freien Posten beworben. Der eine erhält ihn, der andere zum Ausgleich einen erweiterten Aufgabenbereich.
  - gleichartige Kompensationen: Ein Kollege verzichtet darauf, den Chef informell zu informieren, der andere darauf, gegen den Kollegen Stimmung zu machen.
  - Ersatzkompensationen: Eine Sekretärin beschwert sich, daß sie häufig Überstunden machen muß. Der Chef bietet ihr an, sie öfter zum Essen auszuführen.
- sie ihr *Gesicht wahren* kann.
  Humorvolle Aufforderungen oder höfliche Bitten veranlassen zum Einlenken, strikte Forderungen reizen zum Widerstand.
- die Übereinkunft einen einmaligen *Präzedenzfall* darstellt. Ein Mitarbeiter erhält, trotz hoher Arbeitsbelastung der Abteilung, zwei Tage Sonderurlaub, wenn allen klar ist, daß dies ein einmaliges Zugeständnis ist und daraus keine Ansprüche für Sonderbehandlungen abgeleitet werden.

(2) *Neue Lösungen*

Sie ergeben sich manchmal, wenn Zwänge gemindert oder außer Kraft gesetzt werden.

- Bestimmte Wünsche lassen sich nicht gleichzeitig, sondern nur nacheinander verwirklichen: Die gegensätzlichen Wünsche nach ungestörter Arbeit und Kontakt können durch *kontinuierliche Besprechungen* abwechselnd erfüllt werden.
- Erweiterung der Ressourcen: Der einzige Firmenwagen führt zu ständigen Reibereien. Ein zweiter wird angeschafft, dafür aber das Kantinenessen weniger aufwendig gestaltet.
- Die Übereinstimmung bezieht sich ausdrücklich auf einen bestimmten Punkt, bezüglich weiterer Punkte stellen die Konfliktparteien offen ihre Uneinigkeit fest.

(3) *Wechselseitige Konzessionen*

Wenn ein Problem vielschichtig ist, kann es günstig sein, es in seine einzelnen Aspekte zu zerlegen und herauszufinden, ob für jeden Aspekt unterschiedliche Präferenzen jeder Partei vorliegen. Eine mögliche Lösung kann darin bestehen, daß eine Person in den Punkten a, c und d nachgibt, die andere in den Punkten b, e und f.

Checkliste für den Problemlösungsprozeß

1. Ist das Problem klar und verständlich definiert?
2. Gibt es mehrere Definitionen des Problems?
3. Sind die sachlichen und persönlichen Aspekte des Problems berücksichtigt?
4. Haben sich die Parteien Zeit genommen, alle notwendigen Informationen zu sammeln und auszutauschen?
5. Sind die Zielvorstellungen der Parteien allen klar und verständlich?
6. Sind die Parteien bereit, verschiedene Lösungswege zu erarbeiten?
7. Sind die Parteien bereit, zäh und ausdauernd nach einer gemeinsam befriedigenden Lösung zu suchen?
8. Herrscht Übereinstimmung über die Präferenzen bei der Bewertung einer Lösung?
9. Wird bei der Entscheidung für eine Lösung berücksichtigt, ob sie neuartig ist, Kompensationen enthält oder Kompromisse zuläßt?
10. Sind alle Beteiligten bereit, die Entscheidung zu akzeptieren und mitzutragen?

E. Vereinbarung treffen

Die schließlich gefundene Einigung muß *fixiert* werden. Dies ist nicht Ausdruck von Mißtrauen, sondern kann genausogut auch als Schutz des anderen vor den eigenen Schwächen dargestellt werden. Es soll realistisch zur Kenntnis genommen werden, daß jede Einigung in einem Konflikt einer gewissen Willensanpassung bedarf und es daher gut ist, diese persönliche Motivierung nicht zu überdehnen. Eine verbindliche Vereinbarung hat verschiedene Vorteile:

- Sie entzieht die Einigung der persönlichen Willkür und macht sie dadurch verläßlicher.
- Sie entlastet die Beziehung von permanenten Kontrollen, die ja doch bloß wieder Mißtrauen ausdrücken und wecken.
- Sie verankert die Einigung gleichsam in einem persontranszendenten Raum. Symbolisch wird damit klargestellt, daß Konfliktbewältigung die Beziehung betrifft, nicht unmittelbar den einzelnen. Als Norm oder Regel wird sie unpersönlich, damit aber auch verbindlich.

Vereinbarungen und Regelungen werden eher eingehalten, wenn Sie die folgenden Merkmale berücksichtigen:

1. Sie sind nicht gegen zentrale Interessen oder grundlegende Vorstellungen einer Partei gerichtet.
2. Zwischen den Konfliktparteien besteht ein gewisses Maß an Vertrauen.
3. Die Vereinbarungen sind klar, eindeutig und widerspruchsfrei formuliert.
4. Die Vereinbarungen sind auch anderen bekannt.
5. Sie legen fest, was jede Seite zu tun oder zu unterlassen hat.
6. Werden die Vereinbarungen nicht eingehalten, ist mit Sanktionen zu rechnen.
7. Die Beachtung der Regelung belohnt durch eine ungehinderte und störungsfreie Arbeitsbeziehung.

Spiel 2 (Anhang) bietet Gelegenheit, die beiden besprochenen Phasen durchzuarbeiten.

F. Persönlich verarbeiten

Mit der Festlegung auf eine Lösung und deren Regelung kommt das Gespräch zwischen den Konfliktparteien zum formellen Abschluß. Der Konflikt kann dann als bewältigt bezeichnet werden, wenn die Beteiligten wieder ungestört handeln können. Er ist allerdings zunächst nur auf der zwischenmenschlichen Ebene bewältigt. In jedem einzelnen wird er wahrscheinlich eine gewisse Weile nachschwingen, und zwar um so stärker, je tiefer eine Person durch den Konflikt betroffen ist.

Die Konfliktbewältigung findet eigentlich erst *in* der Person ihren Abschluß, nämlich dann, wenn sie selbst rückblickend sagen kann, daß der Konflikt so zu Ende gekommen ist, daß sie sich nicht mehr weiter an ihm stört, daß sie mit der getroffenen Vereinbarung leben und arbeiten kann.

Die Form, in der dies geschieht, ist von Person zu Person verschieden. Einige vermögen schnell zu vergessen und gehen rasch zur Tagesordnung über, andere denken immer wieder darüber nach, grübeln, ob nicht eine noch bessere Lösung hätte gefunden werden können, und wieder andere stehen zu dieser Entscheidung, obwohl sie sich weiter daran reiben. Sieht man näher hin, so zeigt sich, daß diese innere Konfliktverarbeitung nicht nur von der auf der zwischenmenschlichen Ebene abgelaufenen tatsächlichen Konfliktbewältigung abhängt, sondern daß sie überhaupt deren Ausgangs- und Schlußpunkt darstellt. Wir kehren damit wieder zur inneren Konfliktbewältigung zurück und machen damit deutlich, *daß intra- und interpersonale Konfliktbewältigung letztlich zeitlich versetzte Phasen eines durchgehenden Vorganges sind*. Anders ausgedrückt: Die Konfliktbewältigung auf der zwischenmenschlichen Ebene ist immer zwischen zwei persönliche Konfliktbearbeitungen eingebettet (s. Abb. 20).

Den Ausgang bildet die *Person*, sie muß angesichts der sie störenden und behindernden Ereignisse ihre Erregung kontrollieren und gleichzeitig darauf bedacht sein, nicht ihre Position allein im Auge zu behalten; sie erlebt daher zwangsläufig den Konflikt in sich selbst. Um ihn zu beheben, wendet sie sich der Beziehung, also der anderen Konfliktpartei, zu und sucht hier *Vertrauen* zu schaffen und durch offene Kommunikation *Transparenz* herzustellen. Die auf der emotionalen Grundlage *kooperativ* erarbeitete Lösung des Problems, des Streitpunktes, wird dann abschließend einer normativen Regelung unterworfen. Der Konfliktkreis schließt sich aber erst, wenn die Person auch innerlich mit der Angelegenheit fertig geworden ist. Folglich wird die Konfliktbewältigung am Ende wieder zur Person zurückkehren; denn sie muß das, was vorgefallen ist, verarbeiten und damit leben.

Nicht ausgeschlossen ist, daß der Konflikt wieder *auflebt*. Dann wird sich der Kreislauf erneut in Bewegung setzen, jetzt allerdings auf einer anderen Ebene, denn die Situation ist nicht mehr die gleiche wie vorher. Wie die Person letztlich mit der Lösung und Regelung fertig wird, fällt wohl in eine der Kategorien, die wir oben als Formen innerer Konfliktbewältigung dargestellt und beschrieben haben (s. oben 7.1).

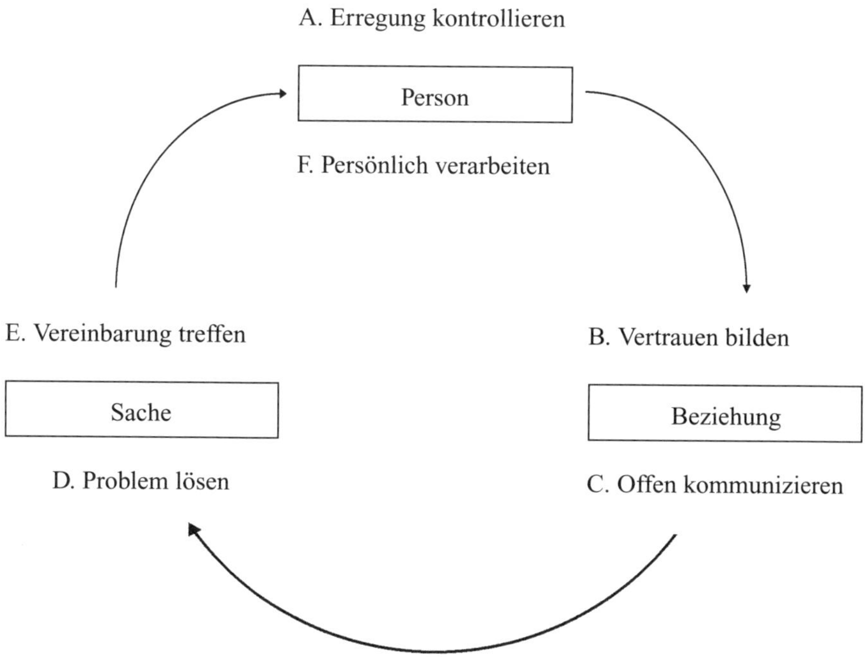

Abb. 20: Kreislauf kooperativer Konfliktbewältigung

Mit diesem Modell eines kooperativen Konfliktgesprächs wird auch verdeutlicht, weshalb es sinnvoll ist, von einer Konflikt*bewältigung* und nicht von einer Konflikt*lösung* zu sprechen. Einzelne Lösungen für eng umgrenzte Konflikte lassen sich sicherlich finden. Aufs Ganze gesehen ist der Konflikt jedoch ein Phänomen, das das Wechselspiel zwischen Personen, ihren Beziehungen und einer jeweils thematisierten Sache kennzeichnet, folglich grundsätzlich nicht zu beseitigen („aufzulösen"), sondern immer nur in stets neuen und energischen Anläufen in den Griff zu bekommen und damit zu bewältigen ist.

9.2 Kontroverse Verhandlung

Die Grundzüge des kooperativen Konfliktgesprächs lassen sich auch auf jene Formen der Konflikthandhabe übertragen, in denen (gleichwertige) Parteien in einer heftigen Kontroverse ein Ergebnis auszuhandeln versuchen. Ziel des Aushandelns ist eine gütliche Einigung, die

- auf fairem Weg erreicht wird,
- beide Seiten zufriedenstellt,
- von Dauer ist und
- die künftige Beziehung nicht gefährdet (s. *Fisher* u. a. 1993).

Im Verhandeln müssen die Parteien zwei in sich spannungsgeladene Aspekte zu einem Ausgleich bringen, nämlich

- gegeneinander *kämpfen* **und** miteinander *kooperieren,*
- *flexibel* neue Möglichkeiten erkunden **und** *beharrlich* eigene Vorstellungen verfolgen (s. *Mastenbroek* 1992).

Flexibel
Aktiv nach neuen
Alternativen suchen

Kämpfen
Die eigenen Ziele
entschieden verfolgen

Kooperieren
Die Ziele der
Gegenseite einbeziehen

Beharrlich
Auf den eigenen
Vorschlägen bestehen

Abb. 21: Spannungsfeld einer kontroversen Verhandlung

Um gleichzeitig zu kämpfen und zu kooperieren, muß eine Partei die Fähigkeit haben, sowohl *sachbezogen* als auch *beziehungsfördernd* zu handeln und zu agieren. Um gleichzeitig flexibel und beharrlich zu sein, muß eine Partei die *Ziele*, die sie letztlich erreichen will, von den *Mitteln* und Wegen unterscheiden. Und schließlich muß sie imstande sein, ihre eigenen *Emotionen* sowohl zu Beginn unter Kontrolle zu halten als auch am Ende auf das Ergebnis hin zu regulieren, besonders dann, wenn viel auf dem Spiele steht. Damit läßt sich die Brücke zu den sechs Phasen des kooperativen Konfliktgesprächs schlagen. Gerade in extremen Kontroversen ist es wichtig, einer Grundstruktur zu folgen, weil einen sonst die Emotionen mitreißen. Sie seien deshalb nochmals zusammengefaßt:

Kontroverse Verhandlung

1. Erregung kontrollieren

- Auf die eigenen körperlichen Warnsignale achten
- Die Reizworte kennen, die einen leicht auf die Palme bringen
- Vorwürfe überhören und übergehen
- Sich nicht aus dem Gleichgewicht bringen lassen
- Zwischen der (Verhandlungs-)Rolle des anderen und seiner Person unterscheiden

⇩

2. Vertrauen bilden

- Sich öffnen: eigene Vorstellungen und Empfindungen mitteilen
- Mit realistischen Vorschlägen dem anderen entgegenkommen
- Chancen, den anderen über den Tisch zu ziehen, bewußt nicht nutzen, aber signalisieren, daß man es hätte tun können
- Sicherstellen, daß die eigenen Motive und Absichten nicht als Täuschung verstanden werden

⇩

3. Offen kommunizieren

- Sorgfältig zuhören und nachfragen
- Sich bisheriger Ergebnisse durch Zusammenfassen vergewissern
- Details beachten und registrieren (evtl. durch Notizen)
- Psychospiele beim Namen nennen
- Humorvolle Gesten und lockere Bemerkungen einflechten

⇩

4. Problem lösen

- Die Mußziele von den Wunschzielen jeder Seite trennen
- In Tausch und Gegentausch eintreten
- Das „Gesamtpaket", das übergeordnete Ziel, nicht aus den Augen verlieren
- Immer wieder Nutzen und Vorteile vorführen, die jede Seite von einer Einigung hat
- Das Risiko bedenken, wenn es zu keiner Einigung kommt

⇩

5. Vereinbarung treffen

- Schon kleine Ergebnisse als Erfolg verbuchen
- Aber auch: sich nicht mit vorschnellen Entscheidungen zufrieden geben
- Über den eigenen Schatten springen
- Vereinbarung klar und unmißverständlich formulieren
- Besprechen, wie beide reagieren, wenn das Ergebnis zu Hause kritisiert wird

⇩

6. Persönlich verarbeiten

- Sich nach der Decke strecken
- Das Mögliche von dem Gewünschten unterscheiden
- Rachegefühle verbannen
- Mit Enttäuschungen fertig werden
- Innerlich zur Vereinbarung ja sagen

10. Formelle Konfliktbewältigung: Eingreifen einer dritten Partei

Wenn ein Konflikt den zweiten Eskalationsgrad – Spiele, Aktionen – erreicht oder die Form eines „kalten Kriegs" angenommen hat, können ihn die Konfliktparteien kaum mehr selbst in den Griff bekommen. Das Ineinander der verschiedenen seelischen Prozesse des Wahrnehmens, Fühlens und Handelns läßt einen *Teufelskreis* (s. o. S. 59) entstehen, durch den sich die Parteien gegenseitig hochschaukeln und dadurch immer unfähiger werden, den Konflikt konstruktiv zu beenden. Ohne Eingreifen einer kompetenten und erfahrenen dritten Partei droht der Konflikt, außer Kontrolle zu geraten.

Die dritte Partei kann verschiedenen Rollen einnehmen: Moderator, Praxisbegleiter („Coach"), therapeutischer Begleiter („Supervisor"), Vermittler („Regler"), Schlichter („Mediator"), Schiedsrichter („Richter"), Machtinstanz. Die Rollen eines Coach oder Supervisors kann nur ein externer Experte wahrnehmen, während die anderen Rollen zum Aufgabenspektrum einer Führungskraft gehören. Mäßig intensive Konflikte fordern eine Regelung (Moderation oder Vermittlung), eskalierte Konflikte oder solche, in denen die Beteiligten zu keiner Einigung gelangt sind, eine autoritative Entscheidung (Schiedsspruch oder Machtwort).

10.1 Konfliktregelung: Vorgesetzter als Moderator oder Vermittler

Wenn es zu Konflikten unter den Mitgliedern des eigenen Führungsbereichs kommt und sie entweder nicht willens oder nicht fähig sind, diese zu beenden, dann ist der Vorgesetzte als Konfliktregler gefordert. Ziel seines Eingreifens als dritter Partei ist es *nicht*, seine eigenen Ideen den Beteiligten aufzudrücken oder geschickt zu „verkaufen", sondern Rahmenbedingungen zu schaffen, innerhalb derer die Beteiligten ihren Konflikt fair beenden können.

Als Konfliktregler übernimmt ein Vorgesetzter folgende Aufgaben:

(1) Die Konfliktlage *diagnostizieren*
(2) *Rahmenbedingungen* für die Aussprache festlegen
(3) In der Aussprache als *Konfliktregler* fungieren
(4) Die *Vereinbarung* verbindlich machen

(1) Konfliktlage diagnostizieren

In getrennten Gesprächen versucht die dritte Partei, die erforderlichen Informationen zusammenzutragen, um die gemeinsame Aussprache gezielt vorzubereiten. Sie kann sich als Leitfaden des Diagnosebogens bedienen (s. Teil II, dort auch weitere Kriterien, falls eine genauere Analyse erforderlich ist; s. auch *Crisand/Reinhard* 1995, in dieser Reihe). Aufgrund der Diagnose soll der Konfliktregler auch einschätzen können, inwieweit die Parteien zu einer direkten Aussprache fähig und bereit sind. Als allgemeine Fähigkeiten gelten: ein gesundes Selbstbewußtsein, eigene Gefühle einigermaßen kontrollieren können, Belastungen aushalten und verdauen können sowie sprachliche Fertigkeiten (zuhören, eigene Gefühle ausdrücken, Gedankengänge stimmig formulieren).

(2) Rahmenbedingungen für die Aussprache festlegen

- Besondere Aufmerksamkeit verdienen im Vorfeld Hemmschwellen und Auslöser. Die *Hemmschwellen* behindern und blockieren eine Aussprache. Sie können interner wie externer Art sein:
  - innerlich als Ängste bei einer Partei (oder auf beiden Seiten), zu unterliegen, unrecht zu haben, über den Tisch gezogen zu werden, den Angriffen der anderen Seite nicht gewachsen zu sein, die eigenen Emotionen nicht im Griff zu haben, nicht die richtigen Worte zu finden, sich in Anwesenheit der anderen Seite körperlich nicht wohl zu fühlen. Wenn die Ängste sehr stark sind, muß die dritte Partei Zeit darauf verwenden, das Selbstwertgefühl der betreffenden Partei zu stärken.
  - äußerlich als sachliche Zwänge: nicht genügend Zeit, nicht zuständig, Normen der Gruppe, Führungsstil des Vorgesetzten, räumliche Trennung.

  Auslöser überstürzen und beschleunigen eine Auseinandersetzung: verletzende Handlungen (herabsetzende Bemerkungen, abschätziges Grinsen, verächtliche Handbewegungen), offener Widerspruch, bekannt gewordener Mißerfolg.Wenn es nicht ratsam ist, eine Aussprache sofort herbeizuführen, muß die dritte Partei die äußerlichen Hemmschwellen heraufsetzen, z. B. durch eine autoritäre Entscheidung (vorläufige räumliche Trennung oder Unterbindung direkter Kontaktaufnahme).
- Zeitpunkt und Zeitraum vereinbaren: Damit ist die Aussprache angekündigt, das Thema bekannt, die Parteien können sich darauf vorbereiten.
- Raum und Sitzordnung (Kreis) soll Gleichheit betonen. Jeder soll mit jedem sprechen können.
- Teilnehmer sind neben der dritten Partei nur die unmittelbar Beteiligten (bei Gruppen höchstens 7 Teilnehmer).
- Ziel der Aussprache ist, die Zusammenarbeit wieder herzustellen oder sie zumindest nicht zu behindern. Ziel ist *nicht*, daß beide sich mögen! Sollte es zu keiner Vereinbarung kommen, müssen die Folgen diskutiert werden. Eine könnte sein, daß der Vorgesetzte dann ein Machtwort spricht.

(3) In der Aussprache als Konfliktregler fungieren

- *Die Rolle des Konfliktreglers klarstellen*: Sie ähnelt in Teilen der eines Moderators, der den Ablauf strukturiert und die Parteien in ein konstruktives Gespräch miteinander bringt (s. *R. W. Stroebe*: Kommunikation II 1995, in dieser Reihe). Ein Konfliktregler kann sich mit einer reinen Moderation nicht begnügen, er muß darüber hinaus unmißverständlich deutlich machen, daß am Ende eine verbindliche Regelung zu stehen hat, die die Zusammenarbeit sichert; andernfalls wird er selbst einen Vorschlag zur Konfliktbeendigung machen. Man könnte die Rolle des Konfliktreglers als die eines *autoritativen Moderators* bezeichnen.
- *Eine positive Atmosphäre herstellen*: Ein neutrales Umfeld, Unterbrechungen durch Getränke oder einen Imbiß, Einstreuen von humorvollen Episoden können die Stimmung entkrampfen. Günstig ist eine Mischung von ernsthafter Zielorientierung und spielerischem Aufeinandereingehen.
- *Differenzierung und Integration trennen*: Zu Beginn müssen die unterschiedlichen Standpunkte und Beschwerden klar auf den Tisch, bevor die Suche nach einer Einigung beginnt. Am besten ist es, die von jeder Seite vorgebrachten Streitpunkte aufzuschreiben. Der Konfliktregler faßt bei jedem Punkt nach und formuliert das Ziel, das eine Partei damit verfolgt (auf einer Flipchart). Sich auf wenige Grobziele einigen, Details auf später verschieben.
- *Mit leichten Punkten beginnen*, die eine rasche Einigung zulassen. Wenn es gelingt, einen ersten Fortschritt oder Druchbruch zu erzielen, fassen die Parteien Mut, sich auch an die schwierigeren Themen heranzuwagen. Daher ist es günstig, möglichst rasch erste Resultate zu erzielen.
- *Gesamtthematik diskutieren*: Die wichtigsten Themen als „Gesamtpaket" diskutieren. Da in einem Konflikt die Themen ineinanderfließen, ist es wenig ratsam, eine logische Priorisierung vorzunehmen. Vielmehr soll der Konfliktregler die Diskussion eher assoziativ steuern. Wenn das gesamte Spektrum abgeschritten ist, wird eher erkennbar, wo sich Kompensationen, Kompromisse oder Einigungschancen bieten. Er soll allerdings sorgsam kleine, meist verdeckte Hinweise auf Zugeständnisse registrieren und aufzeichnen. Als *Regel* gilt: Eine Partei, die ein zaghaftes Zugeständnis gemacht hat, nicht sofort darauf festnageln, ihre Äußerung vielmehr festhalten, damit am Schluß alle Einigungselemente miteinander verglichen und gegeneinander abgewogen werden können.
- *Gefühlsgeladene Äußerungen zulassen*: Gefühle gehören zu einem Konflikt wie das Salz zur Suppe. Wenn auch der Konfliktregler selbst vorwiegend die Vernunftanteile des Gesprächs hervorheben sollte, so darf er kei-

neswegs gefühlsgeladene Äußerungen der Parteien als „unvernünftig" kommentieren. Er sollte nur eingreifen, wenn eine Seite die andere verletzt (herabsetzt, beleidigt) oder das Gespräch zu blockieren versucht (endlose Selbstdarstellung, „Anträge zur Geschäftsordnung" usw.). Ein rein rationales Gespräch erzeugt oft nicht die notwendige Betroffenheit, die zum Einlenken nötigt. Gefühle signalisieren eindrucksvoller als Worte, wie wichtig eine Sache für eine Seite ist.

- *„Waffengleichheit" herstellen*: Wenn eine Seite der anderen verbal überlegen ist – sie formuliert geschickter, tritt selbstbewußter auf, strahlt mehr Überzeugungskraft aus, vermag für sich einzunehmen – sollte der Konfliktregler durch Ermutigung und Unterstützung wenigstens ein gewisses Gleichgewicht herstellen, gerade dann, wenn sich seine Sympathie der überlegenen Seite zuneigt. Er kann dazu einen *Rollentausch* vorschlagen, indem er jede Seite auffordert, sich in die andere hineinzuversetzen und deren Sichtweise, Gefühle und Forderungen mit eigenen Worten wiederzugeben.
- *Optimale Spannung durch Balance erzeugen*: Die größte Gefahr droht Auseinandersetzungen dadurch, daß sie in eine Schieflage geraten, indem ein an sich notwendiger Aspekt zuwenig oder zuviel auftritt: es wird zuviel oder zuwenig gestritten, es herrscht zuviel oder zuwenig Einigungsbereitschaft, die Parteien gehen zuviel oder zuwenig aufeinander ein usw. Der Konfliktregler kann zur Balance beitragen, indem er insbesondere darauf achtet, daß drei Aspekte ausgewogen sind:

  – Es kommen Einzelheiten (Details) zur Sprache, *und* dennoch bleibt das Hauptanliegen (übergeordnetes Ziel) im Blick.
  – Es werden die externen, sachlich und strukturell bedingten Schwierigkeiten und Auslöser erörtert, *und* dennoch übernimmt jede Seite ihren persönlichen Anteil an diesem Konflikt.
  – Es werden die Differenzen, Unterschiede und Verschiedenheiten klar genug ausgesprochen, *und* dennoch zeigen die Parteien Respekt, Vor- und Rücksicht aufeinander.

(4) Vereinbarung verbindlich machen

Die Aussprache hat nur einen Sinn, wenn sich die Parteien am Ende auf eine verbindliche Regelung zubewegen, die den Konflikt, genauer: seine dysfunktionalen Auswirkungen begrenzt. Aufgabe des Konfliktreglers ist es, diese Vereinbarung „wetterfest" zu machen. Dazu kann es nützlich sein, das gegenseitig erwartete Verhalten in einer Art „Vertrag" möglichst genau zu beschreiben und festzuhalten. Der Vertrag enthält 6 Elemente:

- welches Verhalten jede Seite öfter bzw. stärker zeigen soll;
- welches Verhalten jede Seite seltener bzw. gar nicht mehr zeigen soll;
- welches Verhalten jede Seite so wie bisher beibehalten soll;
- was jede Seite tut, um es der anderen zu erleichtern, das erwünschte Verhalten zu zeigen;
- wann, wie häufig und mit wem eine Überprüfung dieser Vereinbarung erfolgt;
- schließlich welche Sanktionen greifen sollen, wenn eine Seite die Vereinbarung bricht.

Um die Ernsthaftigkeit zu dokumentieren, kann diese Abmachung als schriftlicher Vertrag abgefaßt und von allen drei Seiten unterschrieben werden.

10.2 Konfliktberatung: Externe Experten

Eine Führungskraft muß sorgfältig abwägen, ob sie selbst die Aufgabe der Konfliktregelung übernimmt oder nicht besser externen Experten überläßt. Als Entscheidungskriterium kommen zwei Gesichtspunkte in Frage: Je mehr ein Vorgesetzter selber Partei ist und je weniger er sich zutraut, den Konflikt in absehbarer Zeit dauerhaft bereinigen zu können, desto rascher sollte er externe Experten, die durchaus aus der eigenen Organisation kommen können (z. B. Personalabteilung), damit beauftragen. Professionelle Konfliktberatung setzt konzeptionelle, methodische und soziale Kompetenz voraus. Darauf kann hier nicht eingegangen, wohl aber verwiesen werden (s. ausführlich z. B. *Glasl* 1990).

IV. Vom Sinn und Nutzen von Konflikten

- Rund ein Drittel der Aktivitäten von Führungskräften werden, wie empirische Studien zeigen, durch Konflikte innerhalb ihrer Einheit oder mit anderen Einheiten ausgelöst. *Konfliktmanagement* ist daher eine immer wichtiger werdende *Führungsaufgabe.*
- Konflikte haben die Tendenz, in einen unfruchtbaren *Teufelskreis zu eskalieren*. Es ist deshalb geboten, sie rechtzeitig und entschieden anzugehen. Die Bereitschaft dazu kann gesteigert werden, wenn man sich (immer wieder erneut) die negativen Auswirkungen der Eskalation vergegenwärtigt und mit den möglichen Chancen einer gelungenen Konfliktbewältigung vergleicht.
- Die Verschränkung der verschiedenen seelischen Prozesse *emotionalisiert* jeden Konflikt. Alle Methoden und Verfahren der Konflikthandhabe zielen im Kern darauf ab, das Austragen von Konflikten zu *versachlichen* und konstruktiv zu beenden. Dies fällt nicht leicht. Deshalb muß aktives Konfliktmanagement immer wieder geübt und praktiziert werden.
- Manche Konflikte – gerade die tiefgehenden und zentralen – sind nicht lösbar, aber Menschen können lernen, *mit* ihnen zu leben. *Sie haben nicht bloß den Konflikt im Griff, sondern sich selbst.*

Damit sind wir wieder beim Anfang: Nicht der Konflikt treibt Menschen dazu, sich gegenseitig zu schädigen, sondern die Menschen (be)nutzen den Konflikt, um sich das anzutun. Daher seien zum Abschluß die Chancen und produktiven Möglichkeiten von Konflikten herausgestellt.

Wozu ein Konflikt gut sein kann

12 Gründe, aus Konflikten zu lernen

1. Konflikte machen *problembewußt*: Die Beteiligten erfahren, wo die Brennpunkte liegen und was sie selbst tun müssen, um sie zu entschärfen.

2. Konflikte stärken den *Willen zur Veränderung*: Sie signalisieren, daß etwas anders gemacht werden muß, z. B. eine alte Gewohnheit aufgegeben, eine andere Einstellung angeeignet, neue Fähigkeiten erworben werden müssen.

3. Konflike erzeugen den *notwendigen Druck*, Probleme aktiv anzugehen: Ohne diesen Druck fehlt häufig die Kraft und Entschiedenheit, brisante Themen anzupacken.

4. Konflikte vertiefen *zwischenmenschliche Beziehungen*: Die Parteien lernen sich besser verstehen, wissen, was ihnen wechselseitig wichtig ist, kennen ihre verletzliche Seite, finden heraus, wie sie auch unter Druck konstruktiv zusammenarbeiten können.

5. Konflikte festigen den *Zusammenhalt*: Die in der täglichen Zusammenarbeit unvermeidlichen Reibereien werden entdramatisiert und versachlicht.

6. Konflikte machen das *Leben interessanter*: Sie durchbrechen die Routine des Alltags, machen Beziehungen lebendig, Gespräche lebhaft und spannend.

7. Konflikte geben den Anstoß, *Fähigkeiten und Kenntnisse* zu vertiefen: Die zunächst schwer verständlichen Ansichten der anderen Seite machen neugierig, der Sache oder dem Thema auf den Grund zu gehen und neue Einsichten zu gewinnen.

8. Konflikte fördern *Kreativität*: Die Beteiligten erfahren, daß ein Problem oder eine Situation ganz verschieden gesehen und bewertet werden kann. Sie einmal aus einem anderen Blickwinkel – dem der Gegenseite – zu betrachten, vertieft das Problemverständnis und erhöht die Chance, eine neue, kreative Lösung zu finden.

9. Konflikte lassen uns und andere *besser kennenlernen*: Im Konflikt erfahren wir, was uns ärgert, verletzt, zu schaffen macht, was uns wichtig ist und wie wir reagieren, wenn andere mit uns konkurrieren oder uns behindern.

10. Konflikte führen zu *besseren Entscheidungen*: Meinungsverschiedenheiten und Kontroversen zwingen dazu, eine Entscheidung sorgfältig zu durchdenken, widersprüchliche Alternativen durchzuspielen und sich erst dann für eine Lösung zu entscheiden.

11. Konflikte fördern die *Persönlichkeitsentwicklung*: Um einen Konflikt konstruktiv zu bewältigen, muß eine Partei ihre egozentrische Sichtweise überwinden und sich in die andere Seite hineinversetzen, was ein höheres Maß an gemeinsamer Bewußtheit und moralischer Verantwortung stiftet.

12. Konflikte können *Spaß* machen – wenn sie nicht überdramatisiert und zu ernst genommen werden. Viele Menschen betreiben riskante Sportarten (Bungee-Jumping, Drachenfliegen), beteiligen sich an aufregenden Wettkämpfen und Spielen, unterziehen sich harten Survival-Trainings, sehen sich neugierig nervenkitzelnde Filme an – sie tun dies, weil sie Spannung und Aufregung erleben und genießen wollen. Jeder Konflikt bietet – ganz kostenlos – diese Herausforderung.

Anhang

Spiel 1: Gefangenen-Dilemma[5]

In diesem Spiel muß jeder Spieler entscheiden, ob er es riskiert, dem anderen zu vertrauen oder, weil er im mißtraut, ihn übers Ohr zu hauen. Das Spiel leitet sich aus der folgenden Situation ab.

Die Polizei nimmt zwei verdächtige Personen fest und bringt sie getrennt in Gewahrsam. Der Untersuchungsrichter ist fest überzeugt, daß die beiden eines schweren Vergehens schuldig sind, aber er hat keine eindeutigen Beweise. So schildert er den Häftlingen die Alternativen, vor denen sie stehen: zu gestehen oder nicht zu gestehen. Wenn sie beide nicht gestehen, dann wird der Staatsanwalt versuchen, sie wegen einiger kleinerer, erwiesener Vergehen (z. B. unerlaubten Waffenbesitzes) zu einer Strafe von höchstens zwei Jahren verurteilen zu lassen. Gestehen aber beide, dann wird ihnen das Gericht dies als mildernde Tatbestände anrechnen, sie können damit rechnen, mit fünf Jahren davonzukommen. Gesteht einer, der andere aber nicht, so geht der Geständige als Kronzeuge straffrei aus, während der andere, der nicht gesteht, die Höchststrafe von zehn Jahren erhält. – Die Spielsituation läßt sich in einer Matrix abbilden.

		Person A	
		gestehen	nicht gestehen
Person B	gestehen	5 / 5	10 / 0
	nicht gesetehen	0 / 10	2 / 2

Abb. 22: Matrix zum Spiel 1

Keiner der Gefangenen weiß, wie der andere sich entscheidet. Aber in die Entscheidung eines jeden fließen Vermutungen und Erwartungen ein, wie sich wohl der andere entscheiden wird. Am günstigsten kämen beide weg, wenn sie schwiegen. Aber derjenige, der schweigt, geht das Risiko ein, daß der andere vielleicht doch redet; er bekäme die Höchststrafe, während der andere die Freiheit genießen darf. Am sichersten wäre es zu reden, aber dafür ist die zu erwartende Strafe von fünf Jahren, wenn beide gestehen, schon beträchtlich. Beide kommen nur dann relativ günstig weg, wenn einer sich auf den anderen verlassen kann.

5 Nach *David W. Johnson*, Reaching out. Interpersonal effectiveness and self-actualization, Englewood Cliffs, Prentice-Hall International, London 1972, S. 49–51 und 237.

Das Gefangenen-Dilemma läßt sich in einem Spiel erleben. Dazu soll die folgende Matrix dienen.

Person A

		I	II
	III	+10 / +10	+25 / –25
Person B	IV	–25 / +25	–10 / –10

Abb. 23: Matrix mit Punktwertung

Die Zahlen in der Matrix bedeuten Punkte (im Wert von jeweils 1 Pfennig). Das Spiel umfaßt 20 Spielzüge; danach werden die erreichten Punktwerte zusammengezählt und der Sieger ermittelt.

Bei jedem Spielzug erhält ein Spieler diejenige Punktzahl, die sich in Kombination mit der Entscheidung seines Gegenspielers ergibt. Wenn Person A die Alternative I wählt, hängt ihr Punktwert davon ab, wie sich B entscheidet. Wählt B die Strategie III, dann erhalten beide 10 Punkte, wählt B dagegen die Strategie IV, erhält er 25 Punkte, während A 25 Punkte verliert. Wenn A die Alternative II wählt, dann kriegt er 25 Punkte, wenn B die III wählt (B verliert in diesem Fall 25 Punkte), und verliert 10 Punkte, wenn B die IV wählt (B verliert dann ebenfalls 10 Punkte).

Um sicher zu gehen, daß das Spiel verstanden ist, beantworten Sie die folgenden Fragen:

1. Wenn B die III wählt und A die I, dann erhält A . . . Punkte und B . . . Punkte.
2. Wenn B die III wählt und A die II, dann erhält A . . . Punkte und B . . . Punkte.
3. Wenn B die IV wählt und A die I, dann erhält A . . . Punkte und B . . . Punkte.
4. Wenn B die IV wählt und A die II, dann erhält A . . . Punkte und B . . . Punkte.

Wenn das Spiel verstanden ist, kann es losgehen. Ziel ist, zu erfahren, wie Vertrauen hergestellt und aufrechterhalten werden kann.

Spielanleitung

1. Zwei Spieler setzen sich so, daß sie einander den Rücken zukehren. Jeder hat vor sich eine Spielmatrix, Zettel, Bleistift und ein Ergebnisblatt s. S. 82 f.). Ein Spieler gilt als Person A, der andere als Person B.

Ergebnisblatt (zu Spiel 1)

	Ihre Wahl	Wahl des anderen	Ihr Gewinn/ Verlust	Ihr Ergebnis	Gewinn/Verlust des anderen	Sein Ergebnis
1.						
2.						
3.						
4.						
5.						
6.						
7.						
8.						
9.						
10.						
11.						
20.						

2. Ein Spiel wird auf 20 Spielzüge festgelegt. Nach jeweils fünf Spielzügen wechselt das Einsatzkommando. Der Würfel entscheidet, wer beginnt.

3. Auf den Zuruf „fertig“ schreibt jeder Spieler seine Wahl auf einen Zettel: A kann sich für I oder II, B für III oder IV entscheidet. Jeder reicht seine niedergeschriebene Entscheidung über die Schulter dem anderen zu. Beide tragen dann, ohne zu sprechen, das Punktergebnis im Ergebnisblatt ein.

4. Nach zehn Spielzügen wird das Spiel unterbrochen. Die Spieler haben die Gelegenheit, miteinander zu reden. Sie können besprechen, wie sie sich weiter verhalten sollen.

5. Die nächsten zehn Spielzüge werden wie die ersten ausgetragen.

6. Nach dem 20. Spielzug ist das Spiel zu Ende, es wird Bilanz gezogen. Jeder Spieler errechnet seinen Gewinn oder Verlust.

7. Die Spieler sollen anschließend folgende Fragen in kleinen Gruppen diskutieren:

a) Wie haben sie sich während des Spiels gefühlt? Wie haben sie die Entscheidungen ihres Spielpartners aufgenommen?
b) Wie läßt sich ihr Verhalten und das ihres Partners beschreiben?
c) Haben sie dem anderen vertraut? Ab welchem Spielzug?
d) Kam Mißbrauch des Vertrauens vor? Bei wem? Wie war die Reaktion? Wie ging es danach weiter?
e) Hatte die Möglichkeit, mitten im Spiel Absprachen treffen zu können, Auswirkungen? Welche?
f) Welche Folgerungen ergeben sich daraus für die Vertrauensbildung in der Wirklichkeit?

Spiel 2: Kooperative Konfliktbewältigung[6]

Rollenspiel

Situation: Angelika und Richard sind wissenschaftliche Mitarbeiter einer Forschungsorganisation. Ursprünglich war der Direktor selbst Projektleiter, und Angelika arbeitete eine Weile mit, als der Direktor Richard als Mitarbeiter hinzuzog. Angelika war strikt dagegen, weil sie Richard die Kompetenz für dieses Projekt absprach.

---

6 Nach *David W. Johnson & Frank P. Johnson*, Joining together. Group theory and group skills, Prentice-Hall, Englewood Cliffs, London 1975, S. 426.

Als der Direktor nach einiger Zeit entlastet werden wollte, schlug er vor, daß Richard und Angelika das Projekt gemeinsam leiten sollten. Angelika stimmte nur widerstrebend zu, unter dem Vorbehalt, daß sie Richard nicht unterstellt werde. Der Direktor war einverstanden.

Im Laufe der nächsten Wochen mußte Angelika feststellen, daß sich Richard offensichtlich nicht an die Abmachungen hielt. Nach außen hin benahm er sich so, als ob er alleiniger Leiter des Projekts wäre. Angelika wollte das nicht hinnehmen. Beide vereinbarten ein Gespräch, um diesen Konflikt zu lösen.

Rollenanweisung für Richard: Er denkt, daß Angelika viel zu viel Wert auf Status und Formalitäten legt. Wenn er als Projektleiter unterschreibt oder eine Besprechung einberuft, heißt das noch lange nicht, daß er sich als der eigentliche Projektleiter ausgeben will.

Angelika arbeitet noch an weiteren Projekten mit, weshalb sie, wie er glaubt, wenig daran interessiert ist, wie ihr gemeinsames Projekt vorankommt. Wenn er dann die Initiative übernimmt, reagiert sie sofort gereizt, weil sie darin den Versuch erblickt, daß er die Projektleitung ganz an sich ziehen will.

Rollenanweisung für Angelika: Sie glaubt, daß Richard sie nicht wirklich als gleichberechtigte Projektleiterin anerkennt. Dies zeigt sich sehr deutlich, als Richard eine Besprechung der Projektgruppe einberief, ohne sie zu Rate zu ziehen. Kurz vorher teilte er ihr mit, daß eine Besprechung angesetzt sei und sie unbedingt daran teilnehmen müsse. In der Besprechung ließ dann Richard jeden einzelnen Mitarbeiter über den Stand seiner Arbeit berichten. Er bat auch sie um ihren Beitrag, als sei sie einfach ein Mitglied der Gruppe und nicht selbst Projektleiterin. Dies hat sie sehr verletzt. Außerdem erfährt sie, daß er Briefe mit „Projektleiter" unterschreibt. Aus all dem ist für sie offenkundig, daß Richard die Projektleitung für sich allein beansprucht.

Ziel: Die Rollenspieler sollen versuchen, in diesem Gespräch nach dem 6-Phasen Modell kooperativer Konfliktbewältigung vorzugehen und anschließend das Ergebnis zu diskutieren.

Literaturverzeichnis

Axelrod, R.	Die Evolution der Kooperation, München 1987
Berkel, K.	Konfliktforschung und Konfliktbewältigung. Ein organisations-psychologischer Ansatz, Berlin 1984
Berkel, K.	Mit dem Mitarbeiter sprechen. Gespräche mit Führungskräften und Spezialisten, in: R. Pfützner (Hrsg.): Besser führen. Problemfeld 1, München 1986
Berkel, K./ Herzog, R.	Unternehmenskultur und Ethik, Heidelberg 1997
Comte-Sponville, A.	Ermutigung zum unzeitgemäßen Leben. Ein kleines Brevier der Tugenden und Werte, Reinbek bei Hamburg 1996
Crisand, E./ Lyon, U.	Anti-Streß-Training. Autogenes Training mit Yoga und Meditation, 2. Aufl., Heidelberg 1991
Crisand, E./ Reinhard, P.	Methodik der Konfliktlösung. Eine Handlungsanleitung mit Fallbeispielen, Heidelberg 1995
Deutsch, M.	Konfliktregelung. Konstruktive und destruktive Prozesse, München/Basel 1976
Fisher, R./Ury, W./ Patton, B.	Das Harvard-Konzept: Sachgerecht verhandeln – erfolgreich verhandeln, 11. Aufl., Frankfurt 1993
Glasl, F.	Konfliktmanagement. Ein Handbuch zur Diagnose und Behandlung von Konflikten für Organisationen und ihre Berater, 2. Aufl., Bern/Stuttgart: 1990
Görres, A.	Methoden und Erfahrungen der Psychoanalyse, 2. Aufl., München 1961
Hugo-Becker, A./ Becker, H.	Psychologisches Konfliktmanagement. Menschenkenntnis, Konfliktfähigkeit, Kooperation, 2. Aufl., München 1996
Mastenbroek, W.	Verhandeln. Strategie – Taktik – Technik, Frankfurt/ Wiesbaden 1992
Neuberger, O.	Organisationsklima als Einstellung zur Organisation, in: C. Graf Hoyos u. a. (Hrsg.): Grundbegriffe der Wirtschaftspsychologie, München, S. 128–137
Neuberger, O.	Führen und geführt werden, 3. Aufl., Stuttgart 1990
Pikas, A.	Rationale Konfliktlösung, Heidelberg 1974

Rapoport, A.	Kämpfe, Spiele und Debatten. Drei Konfliktmodelle (engl. 1960), Darmstadt 1976
Regnet, E.	Konflikte in Organisationen. Formen, Funktion und Bewältigung, Göttingen/Stuttgart 1992
Rüttinger, B.	Konflikt und Konfliktlösen, München 1977
Rüttinger, B.	Konflikte als Chance, in: R. Pfützner (Hrsg.): Besser führen. Problemfeld 2, München 1988
Schwarz, G.	Konfliktmanagement. Sechs Grundmodelle der Konfliktlösung, 2. Aufl., Wiesbaden 1995
Stroebe, R. W.	Kommunikation II. Verhalten und Technik in Besprechungen, 6. Aufl., Heidelberg 1995
Stroebe, R. W./ Stroebe, G. H.	Grundlagen der Führung, mit Führungsmodellen, 9. Aufl., Heidelberg 1996
Thomae, H.	Konflikt, Entscheidung, Verantwortung. Ein Beitrag zur Psychologie der Entscheidung, Stuttgart 1974
Zuschlag, B. J./ Thielke, W.	Konfliktsituationen im Alltag. Ein Leitfaden für den Umgang mit Konflikten in Beruf und Familie, Stuttgart 1989